Ulmer Bürgerinnen, Söflinger Klosterfrauen
in reichsstädtischer Zeit

Ulmer Bürgerinnen, Söflinger Klosterfrauen

in reichsstädtischer Zeit

Ulmer Museum 30. August bis 23. November 2003

Die Ausstellung steht unter der Schirmherrschaft von
Doris Schröder-Köpf

Für Unterstützung danken wir

Ulmer Bürgerstiftung
Soroptimist International Club Ulm/Neu Ulm
Sparkasse Ulm
Buch Kultur Kerler Ulm
Frauenbüro der Stadt Ulm
Brauerei Gold Ochsen Ulm
Doris Dillenz, Ulm
Deutscher Ärztinnenbund e.V.
Handwerkskammer Ulm
Ulmer Volksbank
Landfrauen Ulm
Johanna Kienzerle, Ulm

Inhalt

6 GRUSSWORT Doris Schröder-Köpf

7 ZUM GELEIT Ivo Gönner

8 VORWORT Brigitte Reinhardt

10 DANK Ilse Schulz

12 EINLEITUNG Ilse Schulz

Ilse Schulz
15 DIE ULMER SAMMLUNG (ca. 1230–1808)
Eine religiöse Lebensgemeinschaft von Frauen und
ein erfolgreiches Wirtschaftsunternehmen

Chritiane Dech
23 BARBARA KLUNTZ – erfolgreiche Musikpädagogin
und Komponistin

Ilse Schulz
29 FRAUEN UND GELD
Stifterinnen und Kreditgeberinnen in Ulm – ein kurzer Überblick

Ilse Schulz
36 VOM KLOSTER ZUR REICHSABTEI
Frauen regieren über 500 Jahre – Das Klarissenkloster
in Söflingen (1258-1814)

Uta Wittich
44 ULMER BUCHDRUCKERINNEN UND BUCHHÄNDLERINNEN
IM 15. UND 17. JAHRHUNDERT

59 KATALOG

102 LITERATURVERZEICHNIS

106 REGISTER

GRUSSWORT

Frauen als Kauffrauen, Buchdruckerinnen, Leiterinnen von Handwerksbetrieben – heute Normalität im Berufsleben, erkämpft im vergangenen Jahrhundert, aber wie war das vor 600 Jahren?

Die Ausstellung „Ulmer Bürgerinnen, Söflinger Klosterfrauen in reichsstädtischer Zeit" lenkt den Blick auf die bedeutende Epoche vom 14. zum 18. Jahrhundert und bringt Erstaunliches zu Tage: Selbständige und selbstbewusste Bürgerinnen in der Freien Reichsstadt, die das Ulmer Recht, den Wohlstand und die günstige Exportsituation ihrer Stadt für ihre eigenständige Entwicklung zu nutzen wussten.

Sehr gerne habe ich die Schirmherrschaft für diese Ausstellung übernommen, die ein Fenster in die Geschichte öffnet, von der sich viele sicher eine andere Vorstellung machen. 80 Berufs- und Erwerbstätigkeiten für Frauen in Ulm. Da erstaunt es nicht, dass sie eine bedeutende Rolle in Wirtschaft, Kultur und Kunst spielten. Es gilt also, manches Bild zurechtzurücken und auch das Verhältnis zwischen Frauen und Männern in jener Zeit neu zu betrachten.

Ich wünsche allen Besucherinnen und Besuchern dieser Ausstellung vergnügliche und interessante Entdeckungen eines besonderen Kapitels der Ulmer Stadtgeschichte.

Doris Schröder-Köpf

Zum Geleit

Die Rolle der Frauen, ihre gesellschaftliche Stellung, ihre Leistungen in Politik, Wirtschaft, Kunst und Kultur war in den vergangenen Jahren immer wieder Gegenstand von Forschungen. Solche Untersuchungen haben – neben dem politisch-gesellschaftlichen Diskurs – wesentlich dazu beigetragen, dass das Bild der Frau in Geschichte und Gegenwart eine neue Definition erfahren hat. Weg von den alten Klischees von „Küche und Herd", hin zu einem gerechten Verständnis, das Frauen begreift als selbstbewusste Individuen der Gesellschaft, mit all dem Respekt, den Rechten und Pflichten, die über Jahrhunderte die „Männerwelt" ganz selbstverständlich erfahren hat.

Schönster Beweis für das Engagement der Ulmer Bürgerinnen in unserer Zeit ist diese Ausstellung, die mit großem Einsatz von Ilse Schulz und des Frauengeschichtlichen Arbeitskreises realisiert werden konnte. Das Ulmer Museum stand mit Rat und Tat zur Seite. Zum ersten Mal widmet sich eine Präsentation in größerem Umfang dem Thema Frauen in Ulm: eine gute Gelegenheit, sich zu informieren und – hier sollten sich die Männer angesprochen fühlen – das eine oder andere Vorurteil gerade zu rücken.

Nicht das Gegeneinander der Geschlechter, sondern das Miteinander, in dem sich die Kräfte in schwierigen Zeiten bündeln, ist die Devise für die Zukunft! Der Ausstellung wünsche ich große Resonanz, über die Grenzen Ulms hinweg.

Ivo Gönner
Oberbürgermeister

Vorwort

Im Ulmer Museum treffen die Besucher immer wieder auf historische Porträts von Bürgerinnen der Stadt. Die Frauen sind durch Kleidung, Accessoires und Haltung den vermögenden und einflussreichen Gruppen von Patriziern und Kaufleuten zuzuordnen oder weniger begüterten Schichten wie den Handwerkern. Gemeinsam ist ihnen jedoch, dass sie meist auf ein Pendant, das Porträt des Ehemannes, bezogen sind.

Um die eigenständige Leistung von Frauen hervorzuheben, widmete das Museum in der stadtgeschichtlichen Abteilung „Handwerk und Zünfte" einen eigenen Raum den „Meisterinnen". Als Ehefrauen erfüllten sie zwar viele Pflichten, und ohne sie wäre ein Meisterbetrieb in Mittelalter und früher Neuzeit auch rechtlich nicht möglich gewesen. In die Organisation der Zunft und damit in den Kreis der Selbständigen und Entscheidungsträger wurden sie jedoch nicht aufgenommen.

Die Forschung von Ilse Schulz ergab nun, dass weltliche und geistliche Frauen im reichsstädtischen Ulm weit größeren wirtschaftlichen und unternehmerischen Einfluss und Erfolg hatten als bisher erkannt, dass sie als Unternehmerinnen, Geld- und Landeigentümerinnen und geschäftstüchtige Verwalterinnen, als großzügige Stifterinnen, auch als Handwerkerinnen und Künstlerinnen selbständig und professionell agierten.

Dies wird im Museum exemplarisch anschaulich an dem ungewöhnlichen Einzelporträt der Sammlungsschwester, Komponistin und Klaviervirtuosin Barbara Kluntz von 1717. In reicher Bürgertracht gekleidet präsentiert die damals 57jährige Ulmerin ruhig und selbstbewusst eines ihrer selbst geschriebenen Notenbücher und weißt dabei auf ihr bevorzugtes Musikinstrument, die Orgel, hin.

Die Bedeutung der Frauen im reichsstädtischen Alltag von Mittelalter bis Neuzeit ist bisher allgemein wenig erforscht, so auch in Ulm. Unsere Ausstellung und der begleitende Katalog bilden den Auftakt zum Festjahr 1150 Jahre Ulm. Sie sollen dazu ermuntern, dieses aufschlussreiche und wichtige Thema weiter zu vertiefen.

Bezeichnenderweise sind es bisher Frauen, die diese Forschung betreiben – und die in den historischen Quellen auch der eigenen Idenität nachspüren. Es freut uns daher besonders, dass Doris Schröder-Köpf die Schirmherrschaft für die Ausstellung übernimmt.

Wir danken an erster Stelle Ilse Schulz, dass sie auf der Basis ihrer langjährigen Recherchen und ihrer Publikationen zur Geschichte der Frauen in Ulm das Projekt angeregt und tatkräftig vorangetrieben hat. Unterstützt wurde sie dabei vor allem von dem Frauengeschichtlichen Arbeitskreis Ulm, dem Frauenbüro und dem Stadtarchiv Ulm. Stellvertretend für die vielen weiteren Helferinnen und Helfer möchte ich ihnen meinen Dank aussprechen.

Stefan Roller, Kurator am Ulmer Museum, übernahm die Redaktion des Katalogs, die Organisation der Leihnahmen und der Präsentation. Eduard Keller gestaltete die Publikation. Ihnen sei ebenfalls herzlich gedankt.

Alle Autorinnen arbeiteten ehrenamtlich, Ausstellung und Katalog wurden ausschließlich durch Zuwendungen und Spenden finanziert. Die Basis legte die großzügige Unterstützung der Bürgerstiftung Ulm, die Soroptimist International Club Ulm/Neu Ulm und die Sparkasse Ulm generös verstärkten. Ihnen wie den weiteren privaten und institutionellen Förderern gilt unser besonderer Dank.

Brigitte Reinhardt

Dank

Die Ausstellung „Ulmer Bürgerinnen, Söflinger Klosterfrauen" basiert auf den Ergebnissen langjähriger Forschungen. Sie wurde von Ilse Schulz und dem Frauengeschichtlichen Arbeitskreis in Kooperation mit dem Ulmer Stadtarchiv, der Stadtbibliothek und der katholischen Kirchengemeinde in Söflingen vorbereitet. Die Federführung bei der Beschaffung der Leihgaben und Exponate und die Realisierung der Ausstellung im Ulmer Museum hat dankenswerterweise die Direktorin Brigitte Reinhardt mit ihren Mitarbeitern übernommen.

Herr Oberbürgermeister Ivo Gönner hat die Ausstellung nicht nur vorbehaltlos unterstützt, sondern durch die Gewinnung von Sponsoren ermöglicht. Die Übernahme der Schirmherrschaft durch Doris Schröder-Köpf bedeutete Ermutigung und Verpflichtung zugleich. Dafür sehr herzlichen Dank.

Stefan Roller, Kurator am Ulmer Museum, sind wir zu besonderem Dank verpflichtet. Er übernahm die wissenschaftliche Bearbeitung und Ergänzung der Katalogtexte, die Abwicklung der Leihgaben, er beriet und unterstützte uns bei der Präsentation. Wolfgang Adler stand uns jederzeit mit Rat und Tat zur Seite. Ihm und seinem Team, Mariette Alcock und Oleg Kuhaar, verdanken wir die Bildvorlagen für den Katalog und Dieter Geiß wichtige Informationen zur sakralen Kunst im Söflinger Klarissenkloster. Eduard Keller übernahm die einfühlsame Gestaltung des Kataloges. Ihnen allen sei aufrichtig gedankt für die erfreuliche Zusammenarbeit.

Dem Frauenbüro der Stadt Ulm gebührt Dank für die verdienstvolle Förderung von frauengeschichtlichen Projekten sowie für die Übernahme des Schriftverkehrs und der Textverarbeitung. Die vertrauensvolle Zusammenarbeit seit 1998 mit der damaligen Frauenbeauftragten Dorothea Hemminger bei der Planung wurde von Angela Kern, Diana Bayer und Anneliese Obermüller im Arbeitskreis und in der Geschichtswerkstatt der Frauenakademie mit Birgit Jürgens, Gerda Klotz und Uta Wittich fortgesetzt.

Es ist nicht möglich, alle Damen und Herren zu nennen, die bei der Erweiterung und Bereicherung der Ausstellungskonzeption mitgewirkt haben. Stellvertretend danken wir vielmals Hans-Eugen Specker, Gerhard Weig und Michael Wettengel vom Stadtarchiv, Bernd Appenzeller von der Stadtbibliothek, Gerald Jasbar vom Ulmer Museum und Ursula Silberberger, Direktorin des hiesigen Humboldt-Gymnasiums.

Die Finanzierung der Ausstellung durch Stiftungen möchten wir besonders würdigen. Wir danken den Sponsoren sehr herzlich – auch im Namen der „Frauen in der Stadtgeschichte".

Ilse Schulz
Frauengeschichtlicher Arbeitskreis

Einleitung

Ilse Schulz

Den Anstoß für die Ausstellung „Ulmer Bürgerinnen, Söflinger Klosterfrauen in reichsstädtischer Zeit" gaben bedeutende Ereignisse in der Ulmer Stadtgeschichte: Vor 200 Jahren besiegelte die Ratifizierung des Reichsdeputationshauptschlusses im Februar 1803 die Beseitigung der Reichsstädte und die Säkularisierung der Klöster. Damit endete die über 600jährige Geschichte der Freien Reichsstadt Ulm und auch die Geschichte des Klarissenklosters in Söflingen, das 1776 zur freien Reichsabtei erhoben worden war. Im Jahr 2004 feiert die Ulmer Bürgerschaft den 1150sten Geburtstag ihrer Stadt.

Die Ausstellung ist somit der Auftakt zum Festjahr. Sie rückt Frauen in das Licht der Öffentlichkeit, die bisher in der Stadtgeschichte ein Schattendasein geführt haben. Die dokumentierte Ulmer Frauengeschichte beginnt um 1230 mit der Gründung zweier Beginengemeinschaften. Die in der Stadt in unmittelbarer Nachbarschaft der Franziskaner im Barfüßerkloster angesiedelte Gemeinschaft wurde „Sammlung" genannt. Sie blieb bis zum Ende der reichsstädtischen Zeit eine religiöse, aber ordensfreie Kommunität.[1] Die Beginen der zweiten Gemeinschaft, vor den Toren der Stadt, schlossen sich dem Frauenorden der Franziskaner an und gründeten 1258 das Söflinger Klarissenkloster.[2]

Urkunden, Handschriften, bildliche Darstellungen und Bücher zeigen, dass die Geschichte nicht nur von Männern, sondern auch von Frauen geschrieben wurde. Die Urkunde der Sammlungsschwestern vom 8. Januar 1313 (Kat. Nr. 1) belegt zum Beispiel, dass Ulmer Frauen bereits im 14. Jahrhundert Bürgerrechte besaßen.

Das „finstere Mittelalter", wie wir es aus dem Geschichtsunterricht kennen, stellt sich in einem „hellen Licht" völlig neu dar. Wir erfahren, dass zu dieser Zeit die Berufs- und Erwerbstätigkeit von Frauen eine Selbstverständlichkeit war und keineswegs eine Erfindung des 20. Jahrhunderts ist. Frauen organisierten schon im 13. Jahrhundert soziale

Dienste, sie waren Lehrerinnen, erfolgreiche Geschäftsfrauen, Handwerkerinnen. Und sie waren auch in den Werkstätten des Kunsthandwerks und des Buchdrucks tätig.[3] All diese Frauen haben ganz wesentlich zur wirtschaftlichen und kulturellen Blüte der Reichsstadt Ulm im 14. und 15. Jahrhundert beigetragen.

Der Freiraum für Frauen begann mit der Neuzeit langsam enger zu werden. Ende des 15. Jahrhunderts gibt es erste Hinweise auf frauenfeindliche Maßnahmen seitens der Kirche und der weltlichen Mächte. So sollten nach dem Willen des Bischofs von Konstanz den Sammlungsschwestern die Bürgerrechte abgesprochen werden. Sie hatten 1488 ihren Vertrag von 1313 mit dem Franziskanerorden gekündigt und sich dem Weltklerus unterstellt.[4] 1490 erteilte der Ulmer Rat den Metzgerinnen ein Berufsverbot. Doch sowohl die Sammlungsschwestern als auch die Metzgerinnen setzten sich unter Berufung auf ihre alten, verbrieften Rechte erfolgreich zur Wehr. Das Berufsverbot wurde nach heftigen Protesten 1491 aufgehoben. Aber dennoch nahm die schleichende Verdrängung der Frauen aus dem Berufs- und Erwerbsleben ihren Fortgang.

Diese Entwicklung stand im Zusammenhang mit der fortschreitenden Inquisition und der Publikation des „Hexenhammers" im Jahr 1487. Dieses unheilträchtige Lehrbuch hat an den Universitäten bis ins 18. Jahrhundert die Wissenschaft der Theologen und Rechtsgelehrten geprägt. So begann mit der Neuzeit ein Zeitalter, in dem das Leben der Menschen zunehmend von Aberglauben und Hexenwahn vergiftet wurde, der bis ins 18. Jahrhundert vielen Menschen, vor allem Frauen, den Tod auf dem Scheiterhaufen brachte.[5]

Im 17. Jahrhundert, als der Dreißigjährige Krieg wütete und die Pest 1634/35 Abertausende von Menschen dahinraffte, war Frauenkompetenz wieder gefragt. Da es nach dem Tod von Buchdruckern an qualifizierten Fachleuten fehlte, berücksichtigte der Rat die Bewerbungen von Buchdruckerwitwen und ernannte sie zu Stadtbuchdruckerinnen. Diese und andere Frauen haben jahrelang Betriebe im Buchdruck, Buchhandel und Verlagswesen geleitet und wesentlich dazu beigetragen, dass Ulm wieder ein Druckort mit überregionaler Bedeutung wurde.

Seit Mitte des 18. Jahrhunderts allerdings begegnen uns Frauen nur noch ganz vereinzelt im Berufs- und Erwerbsleben. Ihre „Berufung" wurde nun auf „Kinder, Küche, Kirche" reduziert.⁶ Wie erfolgreich Frauen schließlich „domestiziert" und auch aus dem Geschichtsbewusstsein der Gesellschaft verdrängt wurden, bescheinigt uns das kgl. Statistische Landesamt Stuttgart. In der Beschreibung des Oberamtes Ulm von 1898 heißt es: „So ist die Ulmerin mit ihrer altbewährten Kochkunst, ihrer Scheuerlust, ihrer Tanzkunst die Ergänzung des männlichen Teils der Bevölkerung".⁷

Es bleibt zu hoffen, dass es durch die Ausstellung „Ulmer Bürgerinnen, Söflinger Klosterfrauen in reichsstädtischer Zeit" gelingt, Denkanstöße zu geben und das Bewusstsein dafür zu stärken, dass Geschichte immer gleichermaßen die Geschichte von Männern und Frauen ist.

---

1   Schulz 1998, S. 17-21. Vgl. den Beitrag von Ilse Schulz in diesem Katalog, S. 15-21.
2   Vgl. den Beitrag von Ilse Schulz in diesem Katalog.
3   Opitz 1993, S. 319-324; King 1998, S. 77-101; Schulz 1998, S. 97-100.
4   Schulz 1998, S. 26/27.
5   Vgl. Hammes 1989; Matuszewski 1994, S. 186/187; zu Hexen in Ulm vgl. Schulz 1998, S. 97-100.
6   Bodarwé 1994, S. 48. Opitz 1994, S. 233, zitiert aus der gelehrten Darstellung des Handwerksrechts von Adrian Beier aus dem Jahre 1688: „(…) ordentlicherweise darf keine Weibsperson ein Handwerk treiben, ob sie es gleich so gut als eine Mannsperson verstünde (…)."
7   Oberamtsbeschreibung 1898, S. 61.

Die Ulmer Sammlung (ca. 1230–1808)
Eine religiöse Lebensgemeinschaft von Frauen und ein erfolgreiches Wirtschaftsunternehmen

Ilse Schulz

Die Gründung der sogenannten Sammlung in Ulm fällt in die Zeit der ersten großen Frauenbewegung im 13./14. Jahrhundert. Die religiösen und sozial engagierten Frauen wurden Beginen oder Schwestern genannt.[1] Sie lebten allein oder in ordensfreien Wohngemeinschaften nach den Grundsätzen der Heiligen Schrift und widmeten sich vor allem den Armen und Kranken.[2]

Nach Felix Fabri (1441/42-1502), dem ersten Chronisten der Stadt (um 1488), kamen kurz nach der Gründung des Ulmer Franziskanerklosters im Jahre 1229 Schwestern aus Beuren in die Stadt.[3] Sie sollen auf dem Areal der heutigen Münsterbauhütte, wahrscheinlich auf dem Anwesen einer Ulmerin, mit einheimischen Beginen die Sammlung gegründet haben.[4]

Urkundlich belegt ist diese Frauengemeinschaft jedoch erst durch den päpstlichen Schutzbrief vom 8. März 1284.[5] Daraus geht hervor, dass die Sammlung eine wirtschaftlich unabhängige Kommunität war und die Schwestern sich zur Lehre des Franz von Assisi bekannten. Ihre geistliche Betreuung wurde dementsprechend im Jahr 1286 den Franziskanern im nahegelegenen Barfüßerkloster übertragen. Die Schwestern verdienten ihren Unterhalt vermutlich zunächst wie die Frauen in anderen Beginengemeinschaften mit der Krankenpflege, dem Unterricht von Mädchen in Handarbeit und der Hostienbäckerei. Sie scheinen aber schon relativ früh unternehmerisch tätig geworden zu sein.

Nach dem päpstlichen Beginenverbot von 1311 hielten es die Sammlungsschwestern offensichtlich für ratsam, ihre informelle Verbindung mit den Franziskanern rechtlich abzusichern, denn nach dem Verbot wurden viele Beginengemeinschaften in Klöster umgewandelt. Andere, die sich dem wiedersetzten, wurden aufgelöst.

Im Einvernehmen mit dem Rat und der Bürgerschaft Ulms gelang es der Meisterin Agnes von Hall und ihren Schwestern die Verbindung zu den Franziskanern 1313 vertraglich so zu regeln, dass ihre Freiheit und wirtschaftliche Unabhängigkeit erhalten blieb (Kat. Nr. 1).

Der Hinweis in der Urkunde, „(…) da wir alle Bürgerinnen sind und Bürgerrechte haben (…)," belegt, dass Ulmer Frauen zu Beginn des 14. Jahrhunderts durchaus Bürgerrechte besaßen.[6]

Die Sammlungsschwestern kamen aus Familien des Patriziats und des gehobenen Bürgertums. Somit waren sie gesellschaftlich etabliert und hatten in der Führungsschicht der Ulmer Bürgerschaft einen starken Rückhalt.

Die Sammlungsgemeinschaft war nach klösterlichem Vorbild strukturiert. An der Spitze stand die Meisterin. Sie wurde wie die Äbtissin eines Klosters von den Schwestern aus ihren Reihen gewählt. In der Amtsführung und Vermögensverwaltung wurde die Meisterin von kompetenten Amtsschwestern unterstützt. Sie waren verantwortlich für das Sekretariat und das Archiv, für die Finanzverwaltung, die Land- und Vorratswirtschaft, sie organisierten den Ein- und Verkauf und verwalteten Stiftungsgelder, die Angehörige für die Gestaltung von Gedenktagen, sogenannten Jahreszeiten, für verstorbene Familienmitglieder bei der Sammlung hinterlegt hatten. Die hierfür zuständige Amtsschwester (Obleierin, Oblei-Stiftung) nahm Geldgeschäfte wahr, denn Banken existierten noch nicht.

Der Eintritt in die Sammlung bedeutete keine Bindung auf Lebenszeit.[7] 1344 bestätigten die Meisterin Guta Staiger und die Schwestern den Vertrag von 1313 mit den Franziskanern und ergänzten ihn mit der Bestimmung, dass in der Sammlung nicht mehr als zwölf Schwestern leben dürften und diese bei der Aufnahme mindestens zwölf Jahre alt sein müssten. „Dies", so heißt es, „wurde beschlossen mit Wissen und gutem Willen des Rates und der Bürger zu Ulm, die geloben, dass sie uns schirmen und helfen wollen, dass niemand uns zwingen kann, anders zu handeln, als hier geschrieben. Dafür geben wir zum Siegel unserer Sammlung das Siegel der Bürger zu Ulm, das der Ammann auf unsere Bitte an diesen Brief gehängt hat."[8] Es ist bemerkenswert, dass dieser

Vertrag – anders als noch im Jahr 1313 – ohne Vertreter des Franziskanerordens besiegelt wurde. Hatten die Ordensoberen versucht die Sammlung zu vereinnahmen und die Schwestern zur Annahme der Ordensregeln und Klausurbestimmungen zu bewegen? Das hätte den Wechsel von der reichsstädtischen Verwaltung in die der franziskanischen Ordensprovinz bedeutet, und das lag mit Sicherheit nicht im Interesse der Ulmer Stadtpolitik. So blieb die Sammlung eine religiöse, aber ordensfreie Frauengemeinschaft, die äußerst geschäftstüchtig ein bedeutendes Wirtschaftsunternehmen aufbaute.

Die Schwestern unterstützten mit namhaften Beträgen soziale und kulturelle Einrichtungen in der Stadt. Sie finanzierten z. B. die tägliche Speisung von 60 bedürftigen Schülern (Kat. Nr. 18) und das Studium vieler Ulmer Studenten.

Als 1377 mit dem Münsterbau begonnen wurde, mussten die Schwestern ihr Anwesen aufgeben. Die Stadt zahlte ihnen dafür eine Entschädigung. 1385 bezogen sie die Neue Sammlung in der Frauenstraße/Ecke Sammlungsgasse, die sie für 1.100 Gulden von den Gebrüdern Krafft erworben hatten (Kat. Nr. 4).

Zu Beginn des 15. Jahrhunderts kauften die Meisterin und die Schwestern das Dorf Ersingen mit 14 Höfen und 30 kleineren Anwesen, sogenannten Sölden, mit Wiesen und Wäldern und erhielten damit das Herrschaftsrecht und die niedere Gerichtsbarkeit. 1461 erlangten sie das Patronat über die Ersinger Marienkapelle, die zuvor Kaplanei von Erbach gewesen war (Kat. Nr. 5). Wohl in diesem Zusammenhang ist auch der Patroziniumswechsel der Kirche zu sehen, die fortan dem hl. Franziskus geweiht war. Gleiches gilt für die rasch vorgenommene Erneuerung des Baues. Der noch erhaltene spätgotische Chor ist 1476 datiert. Im Lauf der kommenden Jahrzehnte folgte eine stattliche und qualitätvolle spätgotische Ausstattung der Kirche mit mehreren Ulmer Altaraufsätzen. 1485/90 entstand das Hochaltarretabel mit Flügelgemälden des Ulmer Malers Jakob Acker. Die beiden Seitenaltäre, von denen nur die beiden Schreine mit Skulpturen aus der Werkstatt des Bildschnitzers Niklaus Weckmann erhalten sind, folgten erst zu Beginn des 16. Jahrhunderts. Der Konradsaltar ist 1514 datiert (Abb. S. 18). Mit dem Kirchenneubau und

Ersingen, ev. Pfarrkirche, Konradsaltar, 1514

seiner Ausstattung präsentierten sich die Ulmer Schwestern für jeden erkennbar als Ersingens neue Besitzerinnen.

Als Amtssitz für den Schultes bauten sie den Maierhof mit einer „Sammlungsdependanz". Hier logierten die Meisterin und Schwestern, wenn sie zur Wahrnehmung ihrer Amtsgeschäfte in Ersingen weilten. 1424 stellten sie ihre finanzielle Leistungsfähigkeit erneut unter Beweis. Meisterin und Schwestern wurden Haupteigentümerinnen des Dorfes

Asselfingen und erhielten auch hier die Herrschaftsrechte (Kat. Nr. 6).

Außer in Ersingen und Asselfingen gehörten den Sammlungsschwestern 17 verpachtete Höfe und Sölden, dazu große Wälder in den Dörfern Anhofen, Donaurieden, Einsingen, Elchingen, Emershofen, Göttingen, Jungingen, Oellingen, Pfuhl und Wettingen. Ohne Anspruch auf Vollständigkeit ergibt dies einen Großgrundbesitz von 51 Höfen und Sölden im Ulmer Territorium, dazu in der Stadt eine Mühle sowie Haus- und Grundbesitz in 22 Straßen.[9] Diese Zahlen belegen eindrucksvoll die Bedeutung der Sammlung innerhalb der Wirtschaftsstrukturen der Reichsstadt. Im deutschen Südwesten gab es keine von Beginen gegründete freie Frauengemeinschaft, die erfolgreicher war als die Ulmer Sammlung.

Das Verhältnis zum Franziskanerorden wurde nach der gewaltsamen Einführung der strengen Observantenregel im Barfüßerkloster und im Klarissenkloster zu Beginn des 15. Jahrhunderts immer schwieriger. Die Selbstbestimmung und Freizügigkeit der Schwestern war den Mönchen ein Dorn im Auge. Auf den zunehmenden Druck des Ordens reagierten Meisterin und Schwestern 1488 mit der Kündigung des Vertrages vom 8. Januar 1313. Den Lehren des Franz von Assisi blieben sie jedoch als Grundlage ihrer Lebensführung treu. Die Erwartung der Schwestern, nun unbehelligt leben zu können, erfüllte sich jedoch nicht. Der vom Konstanzer Bischof mit der Seelsorge der Schwestern betraute Pfarrer Dr. Neithart erwies sich als vehementer Verfechter der von Kirche und Staat in Gang gesetzten „gottgewollten Domestizierung" der Frauen. Er machte ihnen sogar die Bürger- und Erbrechte streitig. Es kam zu erbitterten Auseinandersetzungen mit dem Seelsorger und zum ersten Mal in der Sammlungsgeschichte zu einem internen Streit wegen der Wahl einer Schwester. Die jahrelange Sammlungsrevolte beschäftigte Rechtsgelehrte der Kirche in Konstanz und Rom. Schließlich wurde Dr. Neithart vom Bischof mit dem Bann belegt und vor das päpstliche Gericht in Rom zitiert. Dort ist er 1500 verstorben. Der Papst verurteilte die Sammlung zur Übernahme der Prozesskosten von 1.500 Gulden und verfügte die Aufnahme beider zur Diskussion stehenden Bewerberinnen.

Die Ereignisse in der Sammlung waren symptomatisch für den Klimawandel in der Gesellschaftspolitik zu Beginn der Neuzeit. 1490 erließ der

Rat das erste Berufsverbot für Frauen, das allerdings nach heftigen Protesten der Metzgerinnen 1491 wieder annulliert werden musste.

1531 bekannte sich die Ulmer Bürgerschaft zum Protestantismus. Die Schwestern hingegen waren nicht geschlossen zum neuen Glauben übergetreten. Der Ratsbeschluss vom 5. Juli 1536 sicherte den Fortbestand der Sammlung, die bis 1564 eine ökumenische Gemeinschaft blieb.

Der Rat machte seit Ende des 16. Jahrhunderts zunehmend Mitsprache hinsichtlich der Lebensführung der Schwestern und der Vermögensverwaltung geltend. Als geistlicher Orden sollten die Konventualinnen ein gottgefälliges Leben führen, fleißig Andacht halten und die Predigten im Münster besuchen. Die Schwestern beharrten vergeblich auf ihren seit Jahrhunderten verbürgten Freiheiten und Rechten. 1649 setzte der Rat einen Hofmeister ein, der das kleine Haus in der Sammlung bezog. Die Schwestern verweigerten ihm aber die Schlüsselgewalt. Daraufhin wurde der Meisterin 1654 die Geschäftsführung entzogen und das Sammlungsarchiv konfisziert. Das Sammlungsvermögen floss in die Ulmer Hospitalstiftung ein.[10] Die Schwestern protestierten gegen die Aufhebung ihrer Autonomie und erinnerten den Rat an das von Alters her bestehende Vertrauensverhältnis zwischen Stadt und Sammlung (Kat. Nr. 1). Doch dieser blieb bei seiner Entscheidung – und die Schwestern bei ihrem Widerstand. Hofmeister Schremp versuchte, mit Zugeständnissen einen Konsens zu erreichen, „damit sie sich beruhigen sollen, wann sie alle Gewalt von Hand gegeben," so ein Bericht von 1662.[11]

Mit dem Verlust der Autonomie und der Umwandlung zum städtisch verwalteten Damenstift hatte die Sammlung auch die Attraktivität für Ulmer Frauen verloren. 1670 war die Meisterin Eleonore Ehinger nurmehr die einzige Bewohnerin. 1704 traten wieder vier Frauen in das hochedle Stift ein, unter ihnen die Musikpädagogin und Komponistin Barbara Kluntz. Sie setzte ihre Berufstätigkeit fort und machte das Stift zu einem kulturellen Mittelpunkt (Kat. Nr. 9). 1808 wurde die Sammlung aufgelöst und das Vermögen von der bayerischen Verwaltung dem St. Annastift in München zugewiesen. Von 1870 bis zur Zerstörung beim Bombenangriff vom 17. Dezember 1944 diente das Anwesen in der Frauenstraße als Sitz der ersten städtischen Höheren Mädchenschule Ulms.

Sammlungsgebäude in der Ulmer Frauenstraße, Ecke Sammlungsgasse (um 1920/30)

1 Der Ursprung des Begriffs „Begine" ist umstritten. Er könnte von der Ordensstifterin, der hl. Äbtissin Begga (7. Jahrhundert), abgeleitet sein.
2 Grundmann 1961, S. 14, 170-174; vgl. Wilts 1994, S. 35-44, 229-239.
3 Haid 1786, S. 84-87, nennt in seinem Absatz zur Sammlung das Jahr 1230.
4 Zur Ulmer Sammlung vgl. bes. Greiner 1925, S. 76-121; Schulz 1998, S. 17-43.
5 Stadtarchiv Ulm, UUB I, Nr. 148.
6 Stadtarchiv Ulm, UUB I, Nr. 259.
7 Haid 1786, S. 85.
8 Stadtarchiv Ulm, UUB II,1, Nr. 249.
9 Schulz 1998, S. 22-24; Greiner 1925.
10 Stadtarchiv Ulm, A (7111); ausführlich hierzu vgl. Schulz 1998, S. 30/31.
11 Stadtarchiv Ulm, A (7102).

Bildnis der Barbara Kluntz, Ulm, nach 1717

Barbara Kluntz –
erfolgreiche Musikpädagogin und Komponistin

Christiane Dech

Als Instrumentalistinnen und Sängerinnen längst anerkannt, gehören Frauen als Komponistinnen immer noch zu den Randerscheinungen, die durch die Jahrhunderte hindurch das Vorurteil begleitet, dass Kreativität eine männliche Domäne sei. Dass sich die Beschäftigung mit Kompositionen aller Werkgattungen von Frauen jedoch auf jeden Fall lohnt, zeigen in den letzten Jahren immer mehr Fachpublikationen, viele Einspielungen dieser Werke auf Schallplatte oder CD und zahlreiche Aufführungen. Das Stigma der musikalischen Minderwertigkeit von Frauen muss also dringend revidiert werden. Es scheint aber schon sehr früh im christlich-religiösen Gedankengut verankert gewesen zu sein, wie ein Zitat nach dem hl. Hieronymus, einem der wichtigsten Kirchenlehrer (um 347-420), belegt: „Das Mädchen Gottes soll den Instrumenten gegenüber taub sein. Sie möge nicht wissen, warum die Flöte, die Leier und die Zither gefertigt wurden."

Frauen durften schon immer in ihren Klöstern, nicht aber in allgemein zugänglichen Kirchen singen und musizieren und haben sich darüber hinaus – mehr oder weniger heimlich – auch mit Komposition beschäftigt.

Barbara Kluntz (1660-1730), die fortschrittliche Ulmer Stiftsdame und Komponistin, mit der sich dieser Beitrag beschäftigt, umrahmte von ihrer Aufnahme in die Sammlung bis zu ihrem Tod den Gottesdienst in der Kapelle der Ulmer Sammlung musikalisch, gab allein oder mit ihren Schülern Konzerte, und ihr Musikunterricht war in vielen angesehenen Ulmer Familien hochgeschätzt. Leider sind nur wenige ihrer Kompositionen erhalten oder auffindbar.[1]

Die Meinung Karl Blessingers, der noch 1913 mit folgenden Worten über Barbara Kluntz urteilte, sie hätte „sich freilich sehr zu Unrecht eines großen Rufes als Musikkennerin erfreut," ist nach dem genauen Studium ihrer Kompositionen und nach heutigem Kenntnisstand der Musikwissenschaft in Bezug auf die Harmonielehre des 17. und 18. Jahrhunderts nicht mehr aufrecht zu halten.[2] Dass die Fehler in ihren Kompositionen „haarsträubend" seien, mag zwar aus der Perspektive eines Musiktheoretikers des 20. Jahrhunderts zutreffen. Karl Blessinger übersieht hierbei jedoch zweifellos, dass sich Barbara Kluntz der musiktheoretischen Regeln eines Hugo Riemann noch nicht bedienen konnte und auf einfachste harmonische Möglichkeiten und Modelle zurückgriff, da alles andere erst viel später festgelegt wurde. Schreibfehler und satztechnische Fehler sind zu jener Zeit auch bei berühmteren Komponisten wohl eher die Regel als eine Ausnahme. In den wenigen erhaltenen Werken von Barbara Kluntz spürt man vielmehr die Aufgeschlossenheit dieser Musikerin gegenüber der „modernen" Musik ihrer Zeit, und die differenzierte formale Anlage ihrer Musikstücke und eine sensible Melodieführung zeichnen ihren persönlichen Stil aus.

Barbara Kluntz, Tochter des Ulmer Schneiders Peter Kluntz und seiner Ehefrau Katharina, geborene Messerschmid, wurde am 5. Februar 1660 evangelisch getauft. Früh zeigte sich bei ihr eine ungewöhnliche musikalische Begabung. Über ihre Ausbildung in diesem Fach gibt es jedoch keine Belege. Allerdings erleichterte ihr dieses Talent wohl später die Aufnahme in die Ulmer Sammlung.

Barbara Kluntz war bereits eine gesuchte Musikpädagogin und weit über Ulm hinaus als Orgel- und Klaviervirtuosin, Dichterin und Komponistin bekannt, als sie 1704 in die Ulmer Sammlung aufgenommen wurde. Sie machte die Ulmer Sammlung wieder zu einem kulturellen Zentrum der Stadt, nachdem diese im 17. Jahrhundert stark an Attraktivität verloren hatte. Neben Barbara Kluntz findet man weitere illustre Namen wie die der Patrizier Besserer, Baldinger, Ehinger, Roth u. a., und zu ihren Schülern zählten Angehörige der ersten Familien der Stadt Ulm. Außerdem machte sie das Klavier als Instrument der Hausmusik in Ulm populär.

Ihre Dankbarkeit für den Unterricht bei „der liebenswert geschätzten Barbara Kluntz" brachten Schülerinnen und Schüler in dem Choral-Music-Buch aus dem Jahr 1711 in einer Widmung mit den Worten zum Ausdruck, „(…) welche sich bisher deren getreuen Anleitung bedienet ihrer zur Ehr und in christlicher Absicht gesetzt mit Wünschen dass ihr geliebter Name im Himmel, wo die Englische (Engels-) Musik ewig währt, angeschrieben bleibe (…)."³ Wie angesehen und erfolgreich die pädagogische Arbeit der Barbara Kluntz war, beweist darüber hinaus die Tatsache, dass ein „ausgezeichneter Musiker" wie Johann Kleinschmidt zur gleichen Zeit kaum etwas mit Musikunterricht verdienen konnte, obwohl er vom Rat der Stadt Ulm sogar mit einem Wartgeld gefördert wurde.

Zum Bekanntenkreis von Barbara Kluntz gehörten neben der Dichterin Anna Maria Häckel die Rechenmeisterin Anna Maria Reiser und wahrscheinlich auch die „geistvolle" Dichterin und Ehefrau des Amtsmannes Th. Dauchauer in Pfuhl, und man erkennt die Wichtigkeit von Barbara Kluntz für das Musikleben der Sammlung und der Stadt Ulm schon allein daran, dass ihr Bild als einziges der Sammlungsfrauen erhalten geblieben ist (Abb. S. 22, Kat. Nr. 9). Darauf hält sie ein heute verlorenes Choral-Music-Buch aus dem Jahr 1717 wie ein Vermächtnis in Händen.

Barbara Kluntz, die auch den Ulmer Komponisten und ersten Münsterorganisten Sebastian Anton Scherer kannte, nahm während ihrer Zeit in der Ulmer Sammlung regen Anteil am Musikleben der Stadt, das in zeitgenössischen Akzidenzdrucken der Druckerei Wagner folgendermaßen beschrieben wird: „Das städtische Musikleben war im 18. Jahrhundert weithin von den örtlichen Gegebenheiten, besonders den überkommenen Formen, abhängig, die sich nur langsam veränderten. In Ulm stand es zu Beginn des Jahrhunderts noch ganz unter dem Einfluss des bedeutenden Musikers und Komponisten Sebastian Anton Scherer (1631-1712), der sich nach seiner Ernennung zum Musikdirektor ganz der Ulmer Musik widmete, die durch ihn eine neue Blütezeit erlebte. Mit dem schon bestehenden Collegium musicum, in dem neben fest angestellten Stadtpfeifern (…) auch talentierte Ulmer Bürger und Adlige musizierten, hielt er regelmäßig wöchentliche Proben ab und gestaltete die Gottesdienste im Münster als auch die Feiern zu den städtischen Fest- und Ehrentagen. Daneben spielten in der Ulmer Lateinschule Musikunterricht und musikalische Übungen eine große Rolle, in erster Linie wegen des Choralgesanges, den die Schüler zu bestreiten hatten. Nach Schubarts Feststellung müssen sie ihre Sache vorzüglich gemacht haben, denn er sagte einmal voll des Lobes: „Der Choralgesang in den Hallen des Münsters hat eine Würde, die das kälteste Herz erschüttert". Auf hoher Stufe stand auch die musikalische Ausbildung in den Schulen der schwäbischen Klöster, die sich zu Zentren musikalischen Lebens entwickelten. Ein herausragender Ort der Musikpflege war ebenfalls das Ulmer Wengenkloster, das im Ulmer Musikleben beachtliche Akzente gesetzt hat."[4]

Barbara Kluntz war auch eine glühende Verehrerin des Dichters Paul Gerhardt und pflegte daher möglicherweise auch Kontakte nach Berlin, wo man in kulturellen Angelegenheiten etwas fortschrittlicher als in Ulm gewesen zu sein scheint. Über diese Kontakte könnte Barbara Kluntz vielleicht auch von der aufsehenerregenden, da von einer Frau verfassten Oper der französischen Komponistin Elisabeth Claude de Laguerre gehört haben. Die nachfolgend besprochene Arie „Zu Lob der edlen und freien Kunst der Musik" von Barbara Kluntz jedenfalls ist in der Stoffauswahl und der Verwendung bestimmter musikalischer Elemente durchaus mit dem Werk der damals berühmten französischen Kollegin vergleichbar.[5]

Auch der Arie liegt mythologisches Gedankengut zugrunde, wie es in der Zeit um die Wende vom 17. zum 18. Jahrhundert in gebildeten Kreisen generell üblich war. Jede Strophe enthält mehrere mythologische Figuren, die in einer Art „Auseinandersetzung" jeweils die heilbringende und besänftigende Wirkung von Musik entweder selbst „ausspielen" und/oder erfahren. In einem Refrain am Schluss jeder Strophe wird das Lob auf die Musik gesungen und bekräftigt.[6] Die Arie umfasst fünf Strophen zu jeweils 12 Versen. Als Reimschema gibt es pro Strophe vier Kreuzreime und zwei Paarreime. Die formale Anlage ist sehr abwechslungsreich und besteht aus drei bzw. vier Abschnitten mit wechselnden Taktarten (vom 4/4-Takt über 3/2- hin zu einem 6/2-Takt und wieder zurück zum 4/4-Takt). Diese besondere Form lässt darauf schließen, dass sich Barbara Kluntz mit Opern und Balletten beschäftigt hat, denn hier ist der Wechsel zwischen cantablen und tänzerischen Abschnitten vor allem in instrumentalen Stücken üblich. Die Melodie passt durch eine fließende Wellenbewegung in den geradtaktigen Abschnitten und eingängigen Staccatomotiven in den tänzerischen Teilen gut zu dieser Form. Als Sprache wählte Barbara Kluntz Deutsch (und nicht etwa Lateinisch oder Italienisch). Dadurch ist das Stück gut verständlich und leicht nachzumusizieren. Der heitere und humoristische Tonfall passt gut in die Zeit und man kann sich vorstellen, dass dieses Stück häufig musiziert wurde – konzertant oder zu Unterrichtszwecken. Dieses Gesangsstück ist schon dem „galanten Stil" zuzurechnen, da es sich deutlich von der Gedankenschwere barocker Musik abhebt und äußerst differenziert gestaltet ist. Vor allem die tänzerischen Abschnitte erinnern an instrumentale Ritornelle aus Opern der Zeit. Die Harmonik beinhaltet einfache Tonika (G-Dur)-Dominante (D-Dur)-Beziehungen; es kommen aber auch Moll-Abschnitte mit Tonika (a-moll)-Domiante (E-Dur) vor. Als Besetzung ist ein Cembalo (vielleicht noch mit unterstützendem Cello) und eine Gesangstimme vorgesehen. Der Wechsel zwischen Gesang und einem Soloinstrument ist gut möglich.

Zeitgenössische Komponisten wie Telemann, Vivaldi, Pachelbel oder eben Elisabeth Claude Jaquet de Laguerre sind als Vorbilder für dieses Stück vorstellbar, denn Barbara Kluntz kannte ziemlich sicher deren Werke oder besaß sogar Noten dieser Künstler.

Die Choräle aus dem überlieferten Choralbüchlein weisen vor allem in der Art der Aussetzung große Ähnlichkeiten mit der besprochenen Arie auf und zeigen, dass sich Barbara Kluntz mit ihren Schülern, wie es in dieser Zeit noch allgemein üblich war, hauptsächlich der Pflege des Gesangs von Chorälen und geistlichen Stücken widmete, welche dann auch hauptsächlich beim Gottesdienst musiziert wurden. Darüber hinaus erfährt man, welche Choräle zu Barbara Kluntzens Zeit in Ulm gesungen wurden.

Es bleibt zu hoffen, dass durch einen Zufall noch weitere Werke von Barbara Kluntz gefunden werden, denn die vorliegenden Stücke sind bestimmt nur eine kleine Kostprobe der Kreativität einer gebildeten und beliebten Ulmer Komponistin und Musikpädagogin aus dem 18. Jahrhundert.

1 Beck 1985; Schulz 1998. Zur Ulmer Sammlung vgl. den Beitrag von Ilse Schulz in diesem Katalog, S. 15-21.
2 Blessinger 1913; Schulz 1998, S. 34.
3 Barbara Kluntz: Choral-Music-Buch von 1711; Stadtarchiv Ulm, H Kluntzin, Nr. 1 (Kat. Nr. 10)
4 Moderne Übertragung durch Schmitt 1987, S. 119.
5 Wie Anm. 3, S. 201 f.
6 Der Text zur Arie „Zu Lob der edlen und freien Kunst der Musik" lautet:
1. Als Orpheus schlug sein Instrument / und sang darein so süße, / da bewegt er alle Tier behänd / auch Wälder, Stein und Flüsse. / Als er von Euridice sang, / ganz Thraciam zur Stunden / mit seiner Harfen er bezwang / zu tanzen sie begunten. / Noch heute, wann man musiziert, / wird manches Menschenherz gerührt. / O Musica, du edle Kunst, / bist würdig aller Ehr und Gunst.
2. Amphion durch sein Stimm allein / und durch sein süßes Singen / vom Berg Cythreon der harte Stein / in Eines konnte bringen. / Amphions Zither hat sogar / manch' männlich Herz erkekket / zu scheuen keine Kriegsgefahr / bis sie den Feind erschrökket. / Die Thebe war gleich einer Mauer / obschon die Feinde noch so sauer. / o Musica, welch edle Kunst, / bist würdig aller Ehr und Gunst.
3. David hat gestillt Sauls Raserei / mit seinem Harfenschlagen, / vom bösen Geist gemachet frei / und von desselben Plagen. / Man sagt, dass auch im alten Brauch / mit Musizieren zu pflegen auch / gewest sei bei den Griechen. / Der Kranken und der Siechen / damit erfrischt ihr Herz und Mut / das sonsten Arzenei nicht tut. / O Musica, du freie Kunst, / bist würdig aller Ehr und Gunst.
4. Musik hat so ein süße Kraft, / sie kann die Herzen rühren, / wer liebt ist guter Eigenschaft, / Ulysses konnt' es spüren. / Er hielte sich fest an den Mast, / als die Sirenen sungen / und stopfte zu die Ohren fast, / sonst hätten sie ihn bezwungen. / Charybdis, Scylla macht ihn bang, / noch mehr der Sirenengesang / O Musica, du schöne Kunst, / bist würdig aller Ehr und Gunst.
5. Ich weiß nicht zu sagen, / wieviel Gut in Musica ist verborgen: / Gott und Menschen sie gefallen tut, / Music vertreibt die Sorgen. / Music verjagt die Traurigkeit, / Music den Geist erneuet, / Music macht Lust und kürzt die Zeit / und ewig uns erfreuet. / Music lieb ich so lang ich leb / und fröhlich mein Stimm erheb / und sing: O Music! Himmelskunst, / du bist wert aller Ehr und Gunst.

Frauen und Geld
Stifterinnen und Kreditgeberinnen in Ulm –
ein kurzer Überblick

Ilse Schulz

Das Thema „Frauen und Geld" und ihre Rechtsposition ist ein noch weitgehend unerforschtes Kapitel in der Ulmer Stadtgeschichte.[1] Doch die Auswertung von Stiftungsurkunden, Vermächtnissen, Kreditbriefen (Kat. Nr. 16) und anderen Archivalien beweisen eindeutig das finanzielle Engagement der Frauen für das Gemeinwohl ihrer Stadt, insbesondere für Waisenkinder, Arme, Kranke und vertriebene Menschen. Ein ungefährer Eindruck vom finanziellen Wert der Stiftungen ist schwer zu vermitteln. Doch kann der Vergleich mit dem Jahresgehalt von 200 Gulden, das der erste Spitalarzt von der Stadt Ulm 1561 erhielt, durchaus eine Vorstellung von der zum Teil enormen Höhe der aufgewendeten Summen geben.

Das Gesundheits- und Wohlfahrtswesen in den neugegründeten Städten wurde im 12./13. Jahrhundert nach dem Vorbild der Klosterspitäler für Pilger, Arme und Kranke vornehmlich von frommen Frauen und Männern aus dem Adel als kirchliche Einrichtung gegründet. In Ulm stifteten Bürgerinnen und Bürger im 13. und 14. Jahrhundert das Heiliggeistspital (Kat. Nr. 20), das Funden- (Findlings-) und Waisenhaus, die Spitäler für Leprakranke und die „Seel-" bzw. Schwesternhäuser (Kat. Nr. 12). Diese Gründungen galten als „Gottesgabe" zum Seelenheil der Stifter und deren verstorbener Angehöriger und wurden wie die Klöster auch als „Gotteshäuser" bezeichnet.[2] Frauen haben diese Einrichtungen über Jahrhunderte hinweg finanziell gefördert wie auch den Münsterbau, die Kultur und das Bildungswesen. Sie leisteten damit einen wesentlichen Beitrag zum „sozialen Frieden" und zur wirtschaftlichen und kulturellen Blüte der Reichsstadt Ulm im 14. und 15. Jahrhundert.

Da die Stifterinnen und Kreditgeberinnen zu zahlreich sind, um alle berücksichtigt zu werden, sollen nachstehend zehn Frauen aus dem

Zeitraum des 14. bis 18. Jahrhunderts – gleichsam in Vertretung für die große Zahl der Wohltäterinnen – genannt werden.[3]

Frau Müller war eine Krämerin. Zusammen mit ihrer Tochter Anna, einer verwitweten Hindan, stiftete sie 1360 für die Pfarrkirche Unser lieben Frauen auf dem Felde, den Vorgängerbau des Münsters, einen Altar, der später in das von der Bürgerschaft erbaute Münster innerhalb der Stadt transloziert wurde. Dieser sogenannte Langwalter-Altar ist der älteste unter den 52 verbürgten Münsteraltären.[4]

Elisabeth Rüdiger, Ulmer Bürgerin und Tochter des verstorbenen Tuchmachers Hansen Rüdiger, stiftete am 24. Dezember 1378 auf ihrem Anwesen im Bereich der Glöcklerstraße das „Seelhaus am Wörth". Hier sollten stets vier Schwestern wohnen und ambulante wie stationär aufgenommene Kranke versorgen. Zu den Gründungsschwestern gehörten Anna Nieß, Catharina Froß, Agnes Bitterlin oder Anna Rielin, Frauen aus bekannten Bürgerfamilien. Dieses „Seelhaus am Wörth" diente bis ins 18. Jahrhundert der pflegerischen und heilkundlichen Krankenversorgung.[5]

Margarete Haid stammte vermutlich aus der bekannten Großhändlerfamilie Haid. Ihr Testament von 1426 vermittelt einen Eindruck vom Reichtum dieser Handelsfrau mit eigenem Geschäftshaus und Grundbesitz in Tomerdingen. Die bis dato unbekannte Titulierung „Herrin Cramer" ist zudem ein Indiz dafür, dass Margarethe Haid eine herausragende Persönlichkeit war und als selbständige Händlerin sowohl in der Ulmer Gesellschaft als auch im Kreis der Handelsherren eine anerkannte Rolle gespielt haben muss. Sie vermachte ihrer Schwester Anna 500 Gulden und die Hauseinrichtung. Ihre Cousine und ihr Cousin erhielten 300 Gulden. Das restliche Barvermögen von 1.800 Gulden kam u. a. dem Heiliggeistspital, den Waisenkindern, kirchlichen Einrichtungen und in sogenannten Frauenklausen lebenden Frauen in der Umgebung Ulms zu Gute. Ihre silbernen Gürtel und ihr Silbergeschirr vermachte sie dem Münsterbau.[6]

Die Engel Tausendschön genannte Anna Mayer stiftete die immense Summe von fast 900 Gulden für das neu zu errichtende Hochaltarretabel des Münsters und die monumentale Ölberganlage vor der Pfarrkirche:

Georg Herbert (1833-1901). Marienkapelle bei Pfuhl.

Für die Schreinarchitektur des Hochaltars, die Jörg Syrlin d. Ä. ausführte, gab sie im Jahr 1474 200 Gulden. Um den im selben Jahr von Matthäus Böblinger eingereichten Entwurf für den Münsterölberg rasch zu verwirklichen, stiftete sie 1476 zudem 385 Gulden. Noch einmal 300 Gulden erhielt die Münsterbaupflege 1480, wobei anzunehmen ist, dass auch dieses Geld in die Herstellung des neuen Hochaltaraufsatzes gesteckt wurde.[7] Die letzte Stiftung lässt vermuten, dass Engel Tausendschön im Kreditgeschäft tätig war. Denn der Kirchenpfleger Bartholomäus Greck bestätigt den Erhalt der von ihr veranlassten Zahlung über 200 Gulden durch den „alten schulmaister", der aber noch 100 Gulden schuldig sei, die seine Frau innerhalb Monatsfrist zu bezahlen habe, was denn auch geschah.

Walpurga Müller, die Ehefrau des Ulmer Goldschmiedes Christian Müller, stiftete 1484 eine Marienkapelle bei dem seit 1244 reichsstädtischen Dorf Pfuhl, an der Landstraße von Ulm nach Augsburg gelegen (Abb. S. 31). Felix Fabri (um 1488) beschrieb den Bau als wundertätigen Wallfahrtsort, den Walpurga Müller zusammen mit dem Ulmer Bäcker Lienhart Stromair finanziert hatte.[8] Ihre Stiftung ist durch eine Inschrifttafel verbürgt: „Walburda muleren / hat gelegt den ersten / stain an diese capel / Cristian goltschmid / husfruw zu ulm" (Abb. S. 33). Nach der Reformation wurde das Kirchenschiff als Armen- und Krankenhaus umgenutzt. 1969 wurde das Gebäude wegen der Straßenerweiterung abgerissen und der Chor der Kapelle unweit des alten Standortes neu errichtet.[9]

Elisabeth Schröpperlin lebte in Venedig und gehörte mit ihrem Ehemann Georg Unseld wahrscheinlich zur dortigen Ulmer Kaufmannschaft. In ihrem am 5. Februar 1568 von dem Notar Caspari Foliani in Venedig verfassten Testament setzte sie ihren Ehemann als Erben ein und verfügte, dass das Legat nach dessen Tod der Stadt Ulm zufallen solle. Ihr Vermögen umfasste Ländereien in Deutschland sowie ein Gut und einen Hof im Dorf Tirolli in der Landschaft Tarvisino mit 45 Feldern und allem Zubehör. Den Grundbesitz hatte sie von den 10.000 Gulden, die sie von ihrem Vater als Mitgift zur Hochzeit erhalten hatte, erworben. Von den Zinserträgen sollte „die erlauchte Herrschaft der Stadt Ulm alle Jahr in Ewigkeit eine fromme, ehrliche arme Tochter, sie sei aus Venedig

Stiftungsinschrift der Walpurga Müller. Pfuhl, Marienkapelle.

oder Deutschland, verheiraten und ihr 25 Gulden zu Lob und Dank Gottes geben."[10]

Cäcilie Auer wurde am 2. Februar 1542 als Tochter eines Rechtsgelehrten in Brünn geboren. Nach ihrer Vermählung mit dem Landgrafen Schad lebte sie mit ihrem Mann von 1557 bis 1590 am kaiserlichen Hof in Wien. 1601 wurde sie als glaubenstreue Protestantin aus Österreich vertrieben. Sie kam über Regensburg nach Ulm und gründete hier mit 15.000 Gulden die Auer-Stiftung zur Unterstützung ihrer mittellosen vertriebenen Landsleute und für die Finanzierung des (Theologie-) Studiums bedürftiger Studenten. Die Stiftung war bis 1919 in Kraft und ermöglichte vielen Ulmern das Studium. Alljährlich am 22. November, dem Tag der hl. Cäcilie, wurde in einer Feierstunde im Gymnasium der großherzigen Stifterin gedacht und in ihrem Namen Spenden an arme Schüler, Witwen und Waisen verteilt.[11]

Margarte Wegeler, geb. Reiser, vermachte am 13. Juli 1607 dem Almosenkasten (Armenbehörde) die Summe von 2.000 Gulden zur

Unterstützung der armen Leute in der Stadt.¹² Die „geweste Hammerschmidin" Ursula Wolfgang Mayer, eine geborene Wikh, stiftete im Jahr 1695 für die Waisenkinder 100 Gulden.¹³

Die angesehene Klaviervirtuosin und Musikpädgogin Barbara Kluntz bedachte in einer letztwilligen Verfügung vom 4. Oktober 1727 das Funden- und Waisenhaus.¹⁴ Die berühmte Sammlungsschwester stiftete 100 Gulden aus ihren Einnahmen „von der Musikinformation (Unterricht) namentlich dem Clavier." Von den Zinsen sollten jährlich am Neujahrstag fünf Gulden von den Mägden des Sammlungsstiftes vom Hospitalamt, das die Stiftungsgelder zu verwalten hatte, geholt und um ein Uhr zur Verteilung ins Waisenhaus gebracht werden. Die Mägde sollten für den „Vortrag, Gebet und Gesang im Waisenhaus verbleiben" und für ihre Bemühungen 20 Gulden für ihren Sparhafen erhalten. Mit weiteren 20 Gulden bedachte Barbara Kluntz ihre Stiftskolleginnen in der Sammlung. Sie sollten ihrer bei „einem besonderen Trunk Wein zum Nachtisch oder was sie sonst mögen" gedenken „und sich in Gott miteinander ergötzen."¹⁵

Die Informationen, die wir über die Stifterinnen aus den Urkunden erhalten, beschränken sich zumeist auf den Familienstand, die Namen der Ehemänner und Eltern und nennen manchmal ihre Berufe und Erwerbstätigkeiten (in ca. 80 Bereichen von Handel und Gewerbe). Aufschlussreicher sind diesbezüglich Testamente. Sie vermitteln einen detaillierteren Einblick in die Lebens- und Vermögensverhältnisse der Frauen.

Die Suche nach Spuren, die die Biografien und das soziale Umfeld der Stifterinnen erhellen können, ist mühsam. Sie ist aber keineswegs aussichtslos, wie die „aussagekräftige" letztwillige Verfügung der Barbara Kluntz beispielhaft belegt: Sie wurde erst während der Erarbeitung dieses Beitrages entdeckt.

1. Die Verfügung von Stifterinnen über eigenes Vermögen weist darauf hin, dass das Ulmer Stadtrecht vergleichbar war mit dem anderer Reichsstädte. So heißt es im Augsburger Stadtrecht: „Es hat keine Frau Gewalt, etwas von ihres Mannes Gut an jemanden zu geben (…), es sei denn, sie betreibt ein eigenes Geschäft (…) oder sonste beständig zu verkaufen pflegt ohne ihren Ehemann. Was sie dann tut, das ist rechtskräftig (…)." Auch das Lübecker Stadtrecht besagt: „Keine Jungfrau, noch Frau oder Witwe dürfen ihr Gut verkaufen, noch weggeben, noch verleihen (…) außer diese haben einen Kaufladen, dass sind sie selbständig wie Männer." Uitz 1992, S. 58-61; Münch 1994, S. 102; Opitz 1993, S. 285/286.
2. Schulz 1992, S. 23-56; Wolbach 1847. Das erste Ulmer Spital am Michelsberg, 1183 von Witgow von Albeck gestiftet, existierte nur bis 1215.
3. Schulz 1998, S. 67-73, 125-127; King 1998, S. 77.
4. Tüchle 1977, S. 157.
5. Stiftungsurkunde im Staatsarchiv Ludwigsburg, Best. B 207 U 594a. Vgl. Klosterbuch 2003, S. 485.
6. Stadtarchiv Ulm, K Rep. 2 (Stiftungen), S. 1279.
7. Zu den Stiftungen für den Hochaltar vgl. Weilandt 2002, S. 40; zum Ölberg vor dem Münster vgl. Roller 2002.
8. Hassler 1909, S. 23.
9. Aubele 1994, S. 49/50.
10. Stadtarchiv Ulm, K Rep. 2 (Stiftungen), S. 1289; vgl. Wolbach 1847, S. 8.
11. Stadtarchiv Ulm, D Stiftung, Nr. 1. Wolbach 1847, S. 17; ausführlich dazu Schulz 1998, S. 71/72.
12. Stiftungsbuch Fundenhaus (Kat. Nr. 17), Ulmer Museum, Inv. Nr. 1924.5273; Wolbach 1847, S. 30.
13. Stiftungsbuch Fundenhaus, Ulmer Museum, Inv. Nr. 1924.5273, Bl. 79r (Kat. Nr. 17).
14. Zu Barbara Kluntz vgl. den Beitrag von Christiane Dech, S. 23-28, sowie Kat. Nr. 9 und 10 in diesem Katalog.
15. Wolbach 1847, S. 131.

Vom Kloster zur Reichsabtei
Frauen regieren über 500 Jahre – Das Klarissenkloster in Söflingen (1258-1814)

Ilse Schulz

Der Ursprung des Söflinger Klarissenklosters war die um 1230 von religiösen Frauen aus dem Landadel gegründete Beginengemeinschaft auf dem Grieß, vor den Toren der Stadt Ulm. Die Frauen nannten sich nach der Heiligsprechung ihres Vorbildes, der Markgräfin von Thüringen, im Jahr 1235 „Schwestern der hl. Elisabeth".[1]

Seit 1239 ist ihre Zugehörigkeit zum franziskanischen Frauenorden belegt,[2] der 1215 von Klara Skiffi, der Weggefährtin des Hl. Franz von Assisi, in San Damiano gegründet worden war. Klara starb 1253. Nach Ihrer Heiligsprechung 1255 erhielt der Orden ihren Namen.

Das Ulmer Kloster der Schwestern der hl. Elisabeth war die erste Niederlassung des franziskanischen Frauenordens nördlich der Alpen. Nach einer umfangreichen Schenkung durch die Familie des Hartmann Graf von Dillingen begann um 1250 der Aufbau und die Verlegung des Klosters von Ulm nach Söflingen, das nun den Namen „Kloster im Garten der Heiligen Jungfrau Maria" erhielt. Die Stiftung wurde am 13. Januar 1258 rechtskräftig (Kat. Nr. 23).[3] Damit erhielten die Äbtissin und der Schwesternkonvent das Patronat für Kirchen und Kapellen und das Herrschaftsrecht über die Untertanen. Der königliche und päpstliche Schutz und alle den Schwestern der hl. Elisabeth gewährten Privilegien wurden auf ihr neues Kloster übertragen und auf den gesamten Landbesitz und die Untertanen ausgedehnt.

In Söflingen begann nun die 550 Jahre während Regierungszeit der Äbtissinnen. Die Frauen verstanden es, das Klostervermögen – in Ergänzung zu Stiftungen, zum Teil von Angehörigen der Klosterfrauen – durch den An- und Verkauf von Höfen, Grund und Boden stetig zu vergrößern. So wurde Söflingen schnell zum wohlhabendsten Frauenkloster in der franziskanischen Ordensprovinz und auch zum Mutterhaus weiterer Klarissenklöster wie Pfullingen (1250), Nürnberg (1279), München (1284), Heilbronn (1294) und Königsfelden-Aarau in der Schweiz (1308).[4]

1356 erhielt die Reichsstadt Ulm die Schutz- und Schirmherrschaft über das Klarissenkloster. Geleitet wurde das Kloster von einer Äbtissin, die die Schwestern des Konvents aus ihrem Kreis wählten und die der Ordensobere in ihrem Amt bestätigte. Ihr zur Seite stand ein Leitungsgremium mit der Priorin als ihrer Vertreterin und drei Ratsschwestern. Die Konventschwestern hatten auch das Recht, eine Äbtissin abzuwählen. Außerdem wurden qualifizierte Amtsschwestern mit der Verantwortung für bestimmte Aufgabenbereiche innerhalb des Klosters betraut. So die Siechmeisterin (Ärztin) und Apothekerin für die Krankenversorgung, die Novizenmeisterin für die Einweisung und Betreuung der jungen Schwestern. Die Oberschreiberin leitete die Schreibstube (Skriptorium) und das Klosterarchiv. Die Kustorin war zuständig für die Klosterkirche und Pflege der sakralen Gewänder und Geräte, die Chormeisterin für den Musikunterricht und für die musikalische Gestaltung der Gottesdienste. Die Jahreszeitmeisterin verwaltete Stiftungsgelder, die Männer und Frauen beim Kloster für die Gestaltung von Gedenkgottesdiensten für ihre verstorbenen Angehörigen hinterlegten. Die Kellermeisterin sorgte für die Vorratshaltung und Verpflegung der Schwestern und Bediensteten im Kloster.[5]

Für die Verwaltung und Überwachung von Recht und Ordnung in den zum Kloster gehörenden Ortschaften ernannte die Äbtissin Amtsleute und als obersten Beamten den Hofmeister. Für die Rechtssprechung wurden Richter berufen. Oberste Instanz war jedoch die regierende Äbtissin, bei Kapitalverbrechen die Reichsstadt Ulm als Schirmherrin.

Die Ordensregeln bestimmten den religiösen Tagesablauf der Schwestern (Kat. Nr. 26). Darüber hinaus mussten sie, wie der Einblick in die Klosterstruktur zeigt, wichtige profane Aufgaben innerhalb der Klostergemeinschaft erfüllen. Die Schwestern lebten abgeschieden von der Welt, weltfremd waren sie jedoch nicht. Politische wie gesellschaftliche Entwicklungen bestimmten im Laufe der Jahrhunderte auch das Leben hinter den Klostermauern.

Leider gibt es keine authentischen Berichte von Schwestern über ihre Tätigkeiten in den verschiedenen Aufgabenbereichen. Auch Dokumente, die Aufschluss geben könnten z. B. über die Einweisung der jungen Schwestern, die Arbeit der Oberschreiberin in Skriptorium und Klosterarchiv oder über die Krankenversorgung sind bis auf ein Rezept der letzten Apothekerin Susanna Marthaler nicht erhalten.[6] Wahrscheinlich ging dies alles verloren, als „Massen von Papieren" beim partiellen Abriss des Klosters 1818 vernichtet bzw. als Dünger an Gärtner und Bauern abgegeben wurden. Davon wird heute noch in Söflingen erzählt.

Aus dem klostereigenen Skriptorium dürften einige wenige, aber um so eindrucksvollere Zeugnisse stammen, wie die kunstvoll illuminierten Buchseiten aus der Zeit um 1485 (Kat. Nr. 26/27), die Handschriften der Cordula von Reischach und Christine Keck aus Nürnberg (Kat. Nr. 28) sowie der Ulmerin Elisabeth Münsinger aus dem 15. und 16. Jahrhundert (Kat. Nr. 29). Sie zeugen von der literarischen und künstlerischen Bildung der Klosterfrauen. Auch einige wertvolle liturgische Gewänder der Barockzeit (Kat. Nr. 39) könnten im Kloster selbst entstanden sein.[7]

Zu Beginn des 15. Jahrhunderts wurde innerhalb des Franziskanerordens eine Klosterreform eingeleitet. Es kam zu schweren Auseinandersetzungen zwischen den Befürwortern (Observanten) und den Gegnern (Konventualen) der Reformbestrebungen. Die Söflinger Klosterfrauen und auch die Franziskaner im Barfüßerkloster gehörten zu den entschiedenen Gegnern der Reform. Die drastische Verschärfung der Ordensregeln und Klausurvorschriften lehnten die Äbtissin und Schwestern einmütig ab, und sie wehrten sich standhaft gegen alle bösen Verleumdungen. Die Klarissen beharrten auf althergebrachten kaiserlichen und päpstlichen Privilegien, z. B. auf dem Kontakt zu Angehörigen und dem Verfügungsrecht über persönliches Eigentum und Vermögen. Nach jahrzehntelangem politischen Tauziehen gelang es den Ordensoberen, den Ulmer Bürgermeister und die Ratsherren für eine Zwangsreformierung der Söflinger Klosterfrauen zu gewinnen. Am 14. Januar 1484 stürmten Ulmer Stadtsoldaten das Kloster und besetzen es mit der Äbtissin Elisabeth Reichner und reformierten Schwestern aus dem Kloster Pfullingen.[8] Der vertriebene Konvent mit der Äbtissin Christina Ströhlin fand bei den

Gesinnungsgenossinnen in Ulm, den Sammlungsschwestern, Aufnahme.

Das Verhältnis der neuen Äbtissin zur Reichsstadt Ulm blieb relativ problemlos, wenngleich – wie schon in der Vergangenheit – nicht ohne Irritationen. Streit hat es immer dann gegeben, wenn Ulm versuchte, über die vom Kaiser verbrieften Rechte als Schirmherrin hinaus die Souveränität der regierenden Äbtissinnen zu untergraben und Einfluss auf das Kloster und sein Territorium zu nehmen, wie dies massiv im Zuge der Reformation geschah.

Als sich die Ulmer Bürgerschaft 1531 zum Protestantismus bekannte, blieb das Kloster Söflingen katholisch. Ulm, dessen Schirmherrschaft nach der Reformation durch Kaiser Karl V. bestätigt worden war, begann jedoch bald, das Kloster zunehmend unter Druck zu setzen und versuchte, die Söflinger zum protestantischen Glauben zu bekehren.

Aus dem Schreiben der Äbtissin Cordula von Reischach vom 2. April 1543 an den Magistrat zu Ulm geht hervor, dass das Schloss am Kirchenportal aufgebrochen und ohne Wissen der Äbtissin ein protestantischer Prediger in Söflingen eingesetzt worden war. „Eine solche gewaltsame Handlung auf unser Grund und Boden hat es seit Bestehen des Klosters noch nicht gegeben," protestierte die Äbtissin und appellierte mit Nachdruck an den Rat, „das Kloster, so wie der Papst und Kaiser es befohlen, zu schützen und zu schirmen, wie es ihre Vorgänger getan haben." Dafür sei das Kloster dankbar, es verbitte sich aber jede Verletzung seiner ureigenen Rechte.[9]

Cordula von Reischach war eine der bedeutendsten Frauenpersönlichkeiten im Amt der Söflinger Äbtissinnen. Sie war hochgebildet, klug, politisch versiert und hat 43 Jahre lang (1508-1551) in Söflingen regiert. Als junge Schwester übersetzte sie zusammen mit Kristina Keck aus Nürnberg religiöse Texte aus dem Lateinischen ins Deutsche (Kat. Nr. 28). Vor ihrer Wahl zur Äbtissin hatte sie seit 1503 als Gehilfin (Koadjutorin) ihrer Vorgängerin, der Äbtissin Elisabeth Reichner, wertvolle Erfahrungen sammeln können. Unerschütterlich im katholischen Glauben, gelang es ihr in der turbulenten Zeit der Religionskämpfe vor und nach der Reformation, die Selbständigkeit der Söflinger Klarissen zu wahren. Viele andere Klöster in protestantischen Gebieten, so die der Pfullinger und

Wappen des Klosters Söflingen auf einem barocken Pluviale. Söflingen, kath. Kirchengemeinde.

Nürnberger Klarissen, aber auch der Franziskaner in Ulm, wurden nach der Reformation aufgelöst. Auseinandersetzungen mit der Stadt Ulm blieben den Äbtissinnen auch künftig nicht erspart. Doch scheint sich der Streit im Rahmen der bei Vertragspartnern zu erwartenden Meinungsverschiedenheiten bewegt zu haben. Sie konnten offensichtlich im gegenseitigen Einvernehmen auf der Basis der vereinbarten Rechte und Pflichten gütlich beigelegt werden.

Ende des 17. Jahrhunderts, in der Regierungszeit der Äbtissin Euphoria Rampf (1684-1687), begann mit dem Neubau der Klosterkirche eine bemerkenswerte Bautätigkeit, die von ihren Nachfolgerinnen fortgesetzt wurde. Der Äbtissin Gräfin Angela von Slawata aus Passau (1688-1701) verdankt Eggingen die Dreifaltigkeitskapelle (1695), Harthausen die St. Florianskirche (1699) und Schaffelkingen eine Kapelle (1700). Der Altar in der Dreifaltigkeitskapelle war eine Stiftung der Äbtissin. Die Chronistin schreibt: „Die würdige Mutter selbst hat den Altar anfertigen lassen und auf der Stelle bezahlt."[10] Die Äbtissin Katharina Hunger ersetzte die baufällige Dorfkirche in Ehrenstein durch einen Neubau, für den am 8. Juni 1724 der Grundstein gelegt wurde. Zum Privatbesitz dieser Äbtissin gehörte ein möglicherweise in Söflingen gefertigtes und um 1720 entstandenes Schreibgerät (Kat. Nr. 38). Den Anspruch des Klosters verdeutlichen auch die prachtvollen Messgewänder aus der Amtszeit dieser Äbtissin (Kat. Nr. 39).

Ab der zweiten Hälfte des 18. Jahrhunderts ist eine deutliche Verschlechterung der Beziehungen zwischen der Reichsstadt Ulm und dem Klarissenkloster zu bemerken. Der Ulmer Magistrat versuchte beharrlich, herrschaftliche Gewalt über das Kloster und seine Besitzungen zu gewinnen. Ein Grund dafür dürfte in der desolaten finanziellen Situation Ulms zu suchen sein. Die Reichsstadt hatte sich von den gewaltigen Kosten für die französische Besatzung (1702-1704) während des Spanischen Erbfolgekrieges nicht erholen können und musste dringend eine Verbesserung seiner wirtschaftlichen Lage erreichen. Das wohlhabende Kloster vor den Toren der Stadt erschien in diesem Zusammenhang als willkommenes Opfer.

Die Söflinger Klarissen blieben aber erfolgreich in der Verteidigung ihrer Rechte und behielten die Selbstständigkeit (Kat. Nr. 41). Die Schwäche Ulms war für die regierenden Äbtissinnen dabei sicherlich von Vorteil und dürfte schließlich die Äbtissin Johanna Maria Miller aus Mindelheim bewogen haben, Söflingen der Ulmer Schirmherrschaft gänzlich zu entziehen. 1770 erhob sie beim Reichskammergericht in Wetzlar und beim Reichshofrat in Wien Anklage gegen die Reichsstadt Ulm. Drei Jahre später kam es zu einem Vergleich. Ulm verzichtete auf die Schirmherrschaft über das Kloster, im Gegenzug fielen alle Besitzungen im Ulmer Hoheitsgebiet und die Rechte in Bermaringen, Breitingen,

Holzkirch, Jungingen, Langenau, Lehr, Lonsee, Söflingen und Weidenstetten an die Reichsstadt. Der Wert dieses Eigentums wird auf 51.245 Gulden geschätzt.

Als am 3. Januar 1776 das Klarissenkloster zur freien Reichsabtei erhoben wurde, war es der ersten Reichsäbtissin Johanna Maria Miller und ihrem Konvent mit Hilfe von Rechtsgelehrten gelungen, Frauenrechte durchzusetzen. Das Söflinger Klarissenkloster erreichte damit den absoluten Höhepunkt in seiner über 500-jährigen Geschichte. Die Reichsäbtissin besaß nun den Status einer souveränen Landesfürstin, die unmittelbar dem Kaiser unterstand und allein für das Wohl und Wehe ihrer Untertanen verantwortlich war. Als oberste Richterin musste sie bei schweren Verbrechen auch über Leben und Tod ihrer Untertanen entscheiden.

30 Jahre lang haben die Reichsäbtissinnen landesherrlich regiert. Die Auflösung der Reichsstädte und die territoriale Neuordnung Europas durch Napoleon 1803 bedeutete auch für die Reichsabteien und Klöster das Ende. Der Söflinger Konvent blieb zwar unter Leitung einer Oberin zunächst als kurbayerische Institution erhalten. Die Funktion der letzten Reichsäbtissin Bonaventura Seelinger übernahm jedoch ein bayerischer Kommissar. Außerdem wurde das gesamte Klostervermögen von der bayerischen Regierung eingezogen. Oberin und Schwestern blieb nur eine Pension. Die Kunst- und Wertgegenstände aus dem Klausurbereich, die Direktor Mannlich für die königlichen Sammlungen ausgewählt hatte, wurden nach München verfrachtet.[11] Überdies gingen zahlreiche Kunstschätze und wertvolle Ausstattungsstücke durch wiederholte Plünderungen verloren.

Weil im Jahr 1809 im Kloster ein Lazarett für die französische Armee eingerichtet wurde, mussten die Schwestern in das Kloster Mödlingen umziehen. Doch bereits 1810 wurden sie ins inzwischen württembergisch gewordene Söflingen zurückgeschickt, weil das Königreich Bayern sich die Unterhaltskosten für die Schwestern sparen wollte. 1814 wurde der Konvent erneut vertrieben – diesmal von der österreichischen Armee. Damit war der endgültige Untergang des Söflinger Klosters besiegelt. Einige Schwestern fanden Aufnahme im Kloster Ursprung, andere kehrten in ihr Elternhaus zurück. Etwa zehn Schwestern blieben bis zu ihrem Tod als Untermieterinnen in Söflingen. Sie mussten miterleben, wie im Jahr 1818 der Klausurbereich des Klosters zum Abriss verkauft wurde.

Heute ist nahezu vergessen, dass kompetente und selbstbewusste Klosterfrauen über ein halbes Jahrtausend lang das Leben in Söflingen und in den zum Kloster gehörenden Dörfern gestaltet haben. Die populäre Meinung, dass Frauen hinter Klostermauern ein von Männern verwaltetes, passives, ausschließlich dem Gottesdienst geweihtes Leben führten, wird durch die dokumentierte Geschichte des Söflinger Klarissenklosters eindrucksvoll widerlegt.

1 Stiftung durch Ulrich von Freyberg, 25. Juli 1237; Stadtarchiv Ulm, UUB I, Nr. 41. – Zur Gründung des Söflinger Klarissenklosters vgl. bes. Frank 1980, S. 14-20; Klosterbuch 2003, S. 483.
2 Stadtarchiv Ulm, UUB I, Nr. 42.
3 Staatsarchiv Ludwigsburg, B 509 U54; vgl. Kat. Nr. 23.
4 Frank 1980, S. 55/56, Anm. 100.
5 Frank 1980, S. 47-49.
6 Freundlicher Hinweis von D. Geiß, Söflingen.
7 Doch lässt der aktuelle Forschungsstand diesbezüglich keine klare Aussage zu, vgl. dazu auch Ausst. Kat. Schussenried 2003, Kat. Nr. V.210.
8 Frank 1980, S. 85-94.
9 Vgl. „Vertheidigung der ursprünglichen Freyheit und Im(m)ediataet (…) des Gotteshaus Soeflingen (…)", 1772, Nr. 11, Stadtbibliothek Ulm. Es handelt sich um einen Sammelband mit kaiserlichen und päpstlichen Privilegien, Briefwechseln und Verordnungen; vgl. auch Kat. Nr. 41.
10 Staatsarchiv Ludwigsburg, B 509.
11 Diebold 1980, S. 21.

Ulmer Buchdruckerinnen und Buchhändlerinnen im 15. und 17. Jahrhundert[1]

Uta Wittich

Zweierlei mag am Titel dieses Beitrages irritieren. Zunächst der zeitliche Aspekt: Warum ist nur vom 15. und 17. Jahrhundert die Rede? Wo bleiben die dazwischenliegenden einhundert Jahre? Das ist einfach zu beantworten. Während das 15. Jahrhundert bekanntlich eine Blütezeit des Ulmer Buchdrucks darstellt, verblasste dieser im 16. Jahrhundert völlig. Erst nach 1600 gewann er wieder überregionale Bedeutung. Daher konzentrieren wir uns hier auf die beiden Epochen des Aufschwungs, auf das 15. und 17. Jahrhundert.

Und schließlich: Buchdruckerinnen? Gab es überhaupt Frauen, die diese Tätigkeit ausübten? Auch diese Frage ist eindeutig zu beantworten: Ja, es sind Frauen bekannt, die die Verantwortung für eine Buchdruckerei übernahmen.

Um sich eine Vorstellung davon machen zu können, was dies konkret bedeutete, scheint es zunächst sinnvoll, die Arbeitsteilung von Meister und Meisterin im Handwerksbetrieb genauer zu betrachten.[2]

Dass die Meisterin für den Haushalt zuständig war, ist längst allgemeines Wissen. Wie groß dieser Haushalt war und dass er die Lehrlinge, die nicht verheirateten Gesellen und Hilfskräfte umfasste, ist hingegen weniger bekannt. Da so viele Personen natürlich nicht von der Meisterfrau alleine versorgt werden konnten, delegierte sie Tätigkeiten an Mägde und Hausknechte. Auch sie gehörten zum Großhaushalt. Doch die Aufgaben der Meisterin gingen viel weiter: Sie kontrollierte die Arbeitsabläufe im gesamten Betrieb und war zudem für den Laden zuständig. Der Verkauf der produzierten Waren lag also in ihren Händen. Bei so weitreichender betrieblicher Verantwortung leuchtet es ein, dass der Meister gemeinsam mit seiner Frau das Unternehmen partnerschaftlich führte. Deshalb ist es verständlich, dass ein Geselle, der den Meistertitel anstrebte und einen Betrieb übernehmen oder gründen wollte, eine Ehefrau vorweisen musste, also zuvor zu heiraten hatte. Formal wurde der Handwerksbetrieb allerdings stets unter dem Namen des Mannes geführt. So konnte der Eindruck entstehen, dass überwiegend der Mann die Betriebsführung innehatte.

Wo wurde die Meisterin nun in ihre Aufgaben eingeführt? Eine offizielle Lehre war den Mädchen verschlossen. Doch im elterlichen Betrieb halfen sie mit Sicherheit mit, denn Familie und Beruf waren noch nicht räumlich getrennt. In der Haushaltsführung wurden sie selbstverständlich von ihrer Mutter unterwiesen. Und zur Schule gingen sie meist auch. In der sogenannten Deutschen Schule lernten sie Lesen, Schreiben, Rechnen und hatten Katechismusunterricht.[3] Von allen in diesem Beitrag beschriebenen Frauen wissen wir, dass sie die Schule besuchten, sofern uns heute überhaupt Informationen zu ihrer Jugend vorliegen.

In welchen Situationen nahmen Frauen die Stellung des Meisters, hier des Buchdruckers oder Buchhändlers, ein? Am bekanntesten ist, dass eine Werkstatt nach dem Tod des Meisters durch dessen Witwe weitergeführt werden konnte. Bedingung für die Genehmigung dazu war aber üblicherweise die Zuordnung zweier Pfleger. Mit ihnen musste die Witwe Transaktionen wie einen Hausverkauf oder Erbschaftsangelegenheiten abstimmen. Auch innerhalb des Betriebs übernahm sie in der Regel nicht alle Aufgaben des Meisters. Ein erfahrener Geselle war für die Abläufe in der Werkstatt zuständig. Im 18. Jahrhundert wurde es offiziell Vorschrift, den Gesellen, der nun Faktor genannt wurde, zu vereidigen. Die Witwe war jedoch trotz dieser Einschränkungen die Besitzerin des Betriebes, sie war wirtschaftlich für das Ganze verantwortlich.

Im Normalfall wurde von der Witwe erwartet, sich bald wieder zu verheiraten, um damit eine partnerschaftliche Geschäftsführung wieder herzustellen. Zudem erhielt so ein Geselle die Möglichkeit, Meister zu werden. Doch sind zahlreiche Fälle bekannt, bei denen die Witwen keine Ehe mehr eingingen und den Betrieb jahrelang weiterführten, bis er beispielsweise von einem Sohn oder Schwiegersohn übernommen werden konnte.

Kaum beachtet wurden bisher die Situationen, in denen eine Meisterin ihren Ehemann zu seinen Lebzeiten während der häufigen und langwierigen Messebesuche oder bei schwerer und gelegentlich auch jahrelanger Krankheit vertrat. Anders als Meisterinnen, die als Witwe ihres verstorbenen Ehemannes oder unter ihrem eigenen Namen auftraten, blieben die Frauen, die ihren Ehemann vertraten, unsichtbar, weil der Betrieb ja unter seinem Namen weiterlief.

In Ulm wurden in den vergangenen Jahrzehnten verschiedene Drucker- und Buchhändlerfamilien untersucht.[4] Dabei zeigte sich, dass einige Betriebe von Witwen weitergeführt wurden, und Ilse Schulz thematisierte, wie kompetent und erfolgreich sie agierten.[5] Die Ergebnisse weitergehender Recherchen zum Leben dieser Frauen und ihrem Wirken im Beruf werden hier vorgestellt.

Für das 15. Jahrhundert bedeutet die Fertigstellung der Gutenberg-Bibel im Jahr 1454 eine ganz entscheidende Wende. In der Folgezeit breitete sich die Kunst des Buchdrucks sehr schnell aus. In Ulm entstanden schon in den Jahren 1473 bis 1487 überregional beachtete Drucke, die reich mit Holzschnitten illustriert sind. Bedeutende Werke wie Giovanni Boccaccios „Von den erlauchten Frauen" (um 1474),[6] Aesops „Vita et Fabulae" (um 1476) und die „Cosmographia" des Ptolemäus (1482) gehören zu diesen frühen Werken Ulmer Buchdruckerkunst. Karl-Heinz Meine spricht von einer „nahezu einmaligen Symbiose aus Kunst, Geisteshaltung und Wissenschaft."[7]

Die Drucker hatten für die aufwendigen Werke extrem hohe finanzielle Vorleistungen zu erbringen. Verfügten sie weder über Eigenkapital noch über einen kapitalkräftigen Autor oder Herausgeber, so mussten sie sich hoch verschulden, und ihre Gläubiger drängten. Waren sie nicht mehr in der Lage, ihre Steuern zu bezahlen, drohte der Verlust ihres Bürgerrechtes. Tatsächlich mussten bis zum Ende des Jahrhunderts alle Ulmer Drucker, die berühmte Werke angefertigt hatten, wegen ihrer Schulden die Reichsstadt verlassen.

In dieser Anfangszeit waren die Drucke meist nicht firmiert, d. h. vom Drucker nicht signiert. Doch konnten inzwischen durch Vergleiche der Schrifttypen, Eigenheiten der Drucksätze und der verwendeten Papiere etc. mit detektivischem Spürsinn viele Werke namentlich fassbaren Buchdruckern zugeordnet werden. Bislang ist aus der Zeit des Frühdrucks kein Werk einer Druckerin entdeckt worden. Doch mag dies schlichtweg daran liegen, dass diese Möglichkeit bisher kaum in Erwägung gezogen wurde.

Drei Ulmer Druckerinnen der 1490er Jahre werden in der Literatur erwähnt: „Barbara Weytin (Wirttin)" ist nach Peter Amelung als Buchbinderin und Buchdruckerin mehrfach belegt.[8] Von Ilse Schulz wurde mit dem Schuldbuch von 1494 eine der Quellen benannt (Kat. Nr. 44).[9] Aufgrund der im Augenblick bekannten Daten wird angenommen, Barbara Weytin könnte eine Tochter des ersten Ulmer Buchdruckers Johannes Zainer d. Ä., verheiratete oder verwitwete Weytin, gewesen sein, die 1494 zusammen mit ihrem Bruder Johannes Zainer d. J. die Druckerei des Vaters wieder aufbaute.[10]

Des Weiteren wird im Ulmer Steuerbuch von 1499 eine „Anna Buchtruckerin" aufgeführt.[11] Da sie als Steuerzahlerin in Erscheinung tritt, darf angenommen werden, dass mit „Buchtruckerin" nicht ihr Familienname, sondern Ihre Tätigkeit benannt ist, mit dem sie versteuerbares Einkommen erzielte.[12]

Eine „Hollin wittib", also „Witwe des Holl", wird ebenfalls im Steuerbuch von 1499 aufgeführt. Sie ist zwar nicht ausdrücklich als Buchdruckerin ausgewiesen, doch der Name weist auf Lienhard Holl hin, den Drucker des Ptolemäus. Möglicherweise handelt es sich um seine Witwe. Dafür spricht auch, dass ihr Betrieb im Bezirk des „Hanen gäßlin" lag, wo auch andere Drucker ansässig waren.[13]

Die Daten sind sehr spärlich und lückenhaft, wie häufig auch bei den zeitgenössischen männlichen Kollegen. Es muss weiteren Forschungen vorbehalten bleiben, die hier angeführten Thesen zu erhärten. Doch ist die Quellenlage dürftig. Vor der Reformation wurden noch keine Kirchenbücher geführt, demzufolge wurden Geburtsort und -tag, Heiratsdatum und EhepartnerIn sowie Sterbedatum und -ort nicht systematisch aufgezeichnet. So ist die Forschung auf andere Dokumente städtischer, staatlicher und kirchlicher Archive wie Steuer-, Schuld- und Bürgerbücher, Ratsprotokolle, Stiftungsbriefe oder Testamente und dergleichen angewiesen, wovon jedoch im Laufe der Geschichte allzu viel verloren gingen.

Bei den eben angesprochenen Ulmer Frauen ist erstaunlich, dass Beruf und Vornamen genannt werden (Barbara Weytin Buchtruckerin und Anna Buchtruckerin). Dies ist im 17. Jahrhundert nicht mehr üblich. Witwen, die zu dieser Zeit die Druckerei ihres verstorbenen Ehemannes weiterführten, benutzten nicht die Berufsbezeichnung Druckerin und nicht ihren vollen Namen. Sie bezeichneten sich vielmehr als „Witwe des …(Ehemannes)". Aus der Praxis des 15. Jahrhunderts kann die Vermutung abgeleitet werden, dass Frauen zu dieser Zeit selbstständig eine Druckerei leiteten, auch wenn sie keine Witwen waren.

Im 16. Jahrhundert sanken Umfang und Qualität des Buchdrucks in Ulm zur Bedeutungslosigkeit herab. Dafür mag es mehrere Gründe gegeben haben: Kriege und Seuchen behinderten den Handel, die wirtschaftliche und kulturelle Blüte der Stadt Ulm war vorüber. Auch die Ulmer Lateinschule verlor an Attraktivität.

Überregionale Bedeutung erlangten Ulmer Drucke erst wieder im Laufe des 17. Jahrhunderts. Drei Komponenten dürften diesen Aufschwung begünstigt haben. Erstens sorgte der Rat der Stadt Ulm ganz direkt für eine Belebung des Buchdrucks, indem er ab 1571 Stadtbuchdrucker bestellte. Diese hatten sich für städtische Aufträge bereit zu halten und erhielten dafür eine finanzielle Entschädigung. Ihre Aufgabe war u. a. der Druck von Veröffentlichungen und Formularen des Rates sowie von Schul- und Kirchenbüchern. Zweitens wurde von ca. 1530 an die Lateinschule in einem jahrzehntelangen Prozess reformiert und schließlich 1622 um ein sogenanntes Gymnasium academicum ergänzt. Nun konnten die auswärts Studierenden in den unsicheren Zeiten des 30jährigen Krieges zu Hause ein Grundstudium absolvieren.[14] Die Professoren und Rektoren dieser Institution waren Autoren zahlreicher Bücher, die in Ulm gedruckt wurden. Sie pflegten auch Kontakte zu bedeutenden Persönlichkeiten ihrer Zeit. So führte Johann Baptist Hebenstreit († 1638), einer der Gründungsväter des Gymnasium academicum, einen Briefwechsel mit dem Mathematiker und Astronomen Johannes Kepler.[15] Der Ausbau des Gymnasiums hatte außerdem zur Folge, dass eine größere Zahl an Schulbüchern und Disputationen gedruckt wurde.[16] Und schließlich darf eine Belebung des Buchgeschäftes auch durch den

Schwäbischen Kreis vermutet werden, dessen Mitglieder – Vertreter von 98 Staatswesen – zunächst unregelmäßig, seit 1648 dann jährlich für mindestens einen Monat in der Reichsstadt tagten.

Im Folgenden sollen in chronologischer Reihenfolge sechs Frauen des 17. Jahrhunderts vorgestellt werden, die als Buchdruckerinnen oder Buchhändlerinnen oder auch in beiden Bereichen in Ulm tätig waren. Zum besseren Verständnis ihrer Tätigkeiten werden zunächst die Berufsfelder im Umfeld des Buchdrucks beschrieben.

Die Buchbinder, anfangs meist Buchführer genannt, stellten das fertige Buch her. Sie waren in der Regel zugleich Buchhändler, wobei der Buchhandel das Verlegen von Büchern einschloss. Denn der Handel mit Büchern beruhte bis ins 18. Jahrhundert hinein auf Tausch. Der Buchhändler musste also Druckerzeugnisse als Gegengaben anbieten können.

Doch die Drucker verlegten und verkauften oft auch selbst ihre Bücher. Deshalb finden sich in den Ratsprotokollen häufig Beschwerden der Buchhändler über die Konkurrenz der Buchdrucker. Im Laufe des 17. Jahrhunderts bildete sich – begleitet von häufigen Streitereien – sowohl das Berufsbild des überregional tätigen Buchhändlers heraus, der sich auf das Verlegen konzentrierte (in Ulm Johann Görlin und Georg Wilhelm Kühn), als auch des Druckers, der einen großen Teil seiner Werke selbst verlegte (in Ulm Balthasar Kühn und Matthäus Wagner).

Auf den Titelblättern ist fast immer festgehalten, wer das Buch gedruckt, häufig auch, wer es verlegt hat. Folgt eine Berufsbezeichnung, ist allerdings nie vom „Verleger" die Rede, sondern vom „Buchhändler". Das Verlegen wurde offensichtlich nicht als selbständiger Beruf angesehen. So verwundert auch nicht, dass die Verlegerinnen Dorothea Görlin und Anna Kühn in den Titeln ihrer zahlreichen Publikationen und in ihren Leichenpredigten als Buchhändlerinnen bezeichnet werden.

Ursula Meder (vor 1595-1633), geb. Lichtenberger, übernahm 1623 nach 14 Ehejahren die Verantwortung für den Betrieb, den ihr verstorbener Ehemann, der Stadtbuchdrucker Johann Meder, ihr hinterlassen hatte.[17] Nach einem halben Jahr bewarb sich der auswärtige Caspar Chemlin mit Unterstützung einflussreicher Ulmer Bürger auf die Stelle des Stadtbuchdruckers. Ursula Meder wandte sich zusammen mit ihren Pflegern

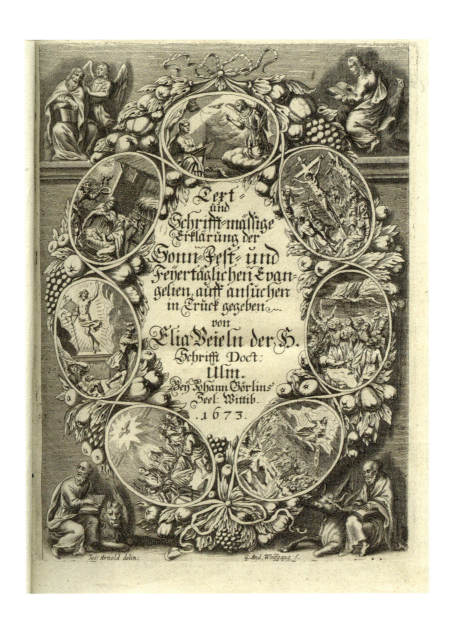

Summarische, jedoch Text- und / Schrifft-mäßige / Ausführung / Der / Sonn- Fest- und / Feiertäglichen Evangelien
Elias Veiel, verlegt von Dorothea Görlin, Ulm 1673 (Kat. Nr. 58)

daraufhin mit der Bitte an den Rat, ihre Tätigkeit als Stadtbuchdruckerin fortführen zu dürfen (Kat. Nr. 45). Sie habe „auch die Zeit über bei so großer Theuerung solche Buchtruckherey nit ohne merckliche Unkosten continuirt und mit erfahrenen Buchtruckhersgesellen genügsamblich und underhalten," und sie plane, „auch solchene inskünftig zu thun."[18] Die Bestallung wurde ihr nun offiziell um ein Jahr verlängert – allerdings nur zusammen mit dem neuen Bewerber. Da dieser letztendlich aber gar nicht nach Ulm kam, blieb Ursula Meder weiterhin alleinige Stadtbuchdruckerin, bis sie nach einem Jahr den Buchdrucker und Schriftgießer Jonas Saur aus Frankfurt heiratete. In der Druckerei des Ehepaars Saur ließ schließlich Johannes Kepler im Jahr 1627 sein Lebenswerk, die Rudolphinischen Tafeln drucken (Kat. Nr. 47). Das Ehepaar hinterließ ein beachtliches Erbe, woraus geschlossen werden kann, dass die Druckerei erfolgreich geführt wurde.

In ihrer ersten Ehe hatte Ursula Meder zwölf Kinder geboren, wovon vier überlebten. Die beiden Söhne wurden ebenfalls Buchdrucker. Der ältere, Johann Sebastian, bat um seine Bestallung mit den Worten, er wolle in die Fußstapfen seiner Eltern treten. Er wusste offensichtlich nicht nur die beruflichen Leistungen von Vater und Stiefvater zu schätzen, sondern auch die seiner Mutter.

Dieser Johann Sebastian heiratete 1634 in zweiter Ehe Anna Meder (1606-1649), geb. Görlin.[19] Er erhielt zu diesem Zeitpunkt die Bestallung als Stadtbuchdrucker. Doch schon im folgenden Jahr starb er an der Pest (Kat. Nr. 49). Seine Witwe bemühte sich um die Weiterführung der Stadtbuchdruckerstelle. Der Rat fragte diesbezüglich jedoch beim jüngeren Bruder ihres Mannes in Rostock nach. Erst als dieser verzichtete, wurde ihr 1636 offiziell die „Buchtruckherey (…) anvertrawt und überlassen."[20] Nach einem halben Jahr erwarb sie von ihren Miterben das gesamte Anwesen der Buchdruckerei zum Kaufpreis von 1.150 Gulden,[21] was zum einen für eine gewisse Finanzkraft ihrer Druckerei spricht und zum anderen für kaufmännischen Unternehmergeist in dieser unruhigen Zeit (Kat. Nr. 50). Nach selbständiger Tätigkeit von insgesamt zwei Jahren wandte sie sich an den Rat und stellte ihren künftigen Ehemann vor, den 22jährigen Buchdruckergesellen Balthasar Kühn aus Erfurt. Sie bat darum, die „gewohnliche alte Bestallung" auf ihn zu übertragen.[22] In den folgenden Jahren erlebte die gemeinsam geführte Druckerei einen enormen Aufschwung. Die glückliche Ehe endete allerdings unvermittelt mit dem Tod Annas im Wochenbett nach der Geburt ihres achten Kindes. Balthasar Kühn, den die Nachricht auf der Messe erreichte, verlor „gewisslich an ihr eine gute Haußhalterin und eine erwündschte Buchladen-Wärterin," wie es in Annas Leichenpredigt heißt (Kat. Nr. 52).[23]

Als Anna Wilhalm (1623-1678) im Jahr 1650 den Witwer Balthasar Kühn ehelichte, heiratete sie in einen florierenden Druckereibetrieb ein.[24] Sie erwarteten neben der Rolle der Meisterin eine Reihe zusätzlicher Aufgaben. Denn schon nach einem Jahr erkrankte ihr Mann schwer an der Gicht. Mit fortschreitender Krankheit übernahm Anna Kühn wahrscheinlich neben der Pflege ihres lange Jahre bettlägrigen Mannes auch die Leitung von Druckerei und Verlag (Kat. Nr. 53).[25] Vermutlich tauschten sich die Eheleute in den Anfangsjahren seiner Krankheit noch über seinen Tätigkeitsbereich aus, so dass Anna Kühn eine fundierte Einarbeitung erfuhr. In Balthasar Kühns Leichenpredigt heißt es: „Wie treulich ihm seine liebe Haußfrau so tags so nachts außgewartet und wie löblich sie neben ihme Kinder und Gesind regieret, ja auch den Buchhandel geführet, ist vielen under uns bewusst."[26]

Die Druckerei ging nach dem Tod Balthasar Kühns in die Hände Christian Balthasar Kühns über, Annas Stiefsohn. Doch die Witwe setzte sich nicht zur Ruhe. Sie hatte offensichtlich ein solches Geschick im Verlegen entwickelt, dass sie dies Geschäft bis an ihr Lebensende weiter betrieb (Kat. Nr. 54 u. 55). In ihren letzten Lebensjahren wurde Anna Kühn noch einmal rundum gefordert. Bedingt durch die Krankheit ihres Stiefsohnes und den Tod seiner Frau war sie als Großmutter, Meisterin und Leiterin der Druckerei gefragt.

Auf den Titelseiten der Bücher, die sie nach dem Tode ihres Mannes verlegte, erscheint sie als Balthasar Kühns Witwe, oft mit dem Zusatz „Buchhändlerin", gelegentlich auch mit ihrem vollen Namen (Kat. Nr. 53). Als Druckerin ist Anna Kühn auf keinem Titel zu finden. Anders ihr Ehemann und ihr Stiefsohn, die zu Lebzeiten auf den Titelblättern erscheinen, obwohl Anna an ihrer Stelle tätig war.[27] In Annas Leichenpredigt wird denn auch besonders betont, dass sie „ihrem Buchhandel, darauf sie einen guten Verstand gehabt, rühmlich vorgestanden" sei.[28] „Und weil der Ehestand auch ein Wehestand ist, als sie Ihr Theil des Creutzes auch genug gehabt," heißt es dort weiter. Ob sie selbst ihr Leben so sah, ist nicht sicher. Sie scheint nicht über ihren Aufgaben zerbrochen zu sein, wählte sie doch freiwillig das eigene Tätigkeitsfeld des Verlagswesens. Nach Annas Tod hatten Buchhandel und Verlag weiter Bestand. Sie gingen an ihren leiblichen Sohn Georg Wilhelm Kühn über, der gelernter Buchhändler und Buchdrucker war.

Als wichtige Verlegerin trat auch Dorothea Görlin (1603-1678), geb. Scheiffele, hervor (Abb. S. 50).[29] Sie führte den von ihrem Mann gegründeten renommierten Buchhandel Görlin fünfzehn Jahre als Witwe sehr erfolgreich weiter. Schon beim Tod ihres Mannes Johann muss sie hohes Ansehen genossen haben. Denn ihr wurden entgegen den Bräuchen der damaligen Zeit keine Pfleger zugewiesen. Stattdessen durfte sie sich zweier Beistände bedienen, die sie selbst bestimmen konnte.

Vom Anbeginn der Ehe (1629-1663) hatte sie im Geschäft mitgearbeitet und war mit ihrem Mann zur Frankfurter Buchmesse und zu weit entfernten Märkten gereist – in den ersten Jahren „nur zu Fuß und manchesmal mit großem schwangerem Leib."[30] Die hierbei geknüpften Kontakte zu Autoren und Geschäftspartnern blieben ihr als Witwe offensichtlich erhalten und sie engagierte sich auch für bestimmte Inhalte, wie ihre eigenhändige Widmung in einem Buch beweist (Kat. Nr. 56). 1666 verlegte sie mit dem Wund-Arzneyischen Zeug-Hauß ein bis in die heutige Zeit bekanntes chirurgisches Grundlagenwerk, dessen Begründer der berühmte Ulmer Arzt Johannes Scultetus (1595-1645) war (Kat. Nr. 57). Dorothea Görlin verlegte auch andere bedeutende Werke und deckte mit den Themen ihrer Bücher ein breites Spektrum ab. Im Alter von 75 Jahren starb sie als hochverehrte Persönlichkeit. In ihrer Leichenpredigt heißt es anerkennend: „Im betrübten Wittib-Stand hat sie fünffzehn Jahr zugebracht und auch in solcher Zeit ihrem berühmten Buch-Handel mit ihren lieben Leuthen gantz vernünfftig und Christlich abgewartet, so dass demselben bisher im geringsten nichts abgangen." Sie gebar sechs Kinder und engagierte sich darüber hinaus intensiv in karitativen Aufgaben. So nahm sie etliche Waisenkinder auf (Kat. Nr. 58), schenkte Theologie-Studenten wertvolle Bücher und spendete regelmäßig und reichlich „in die Partem- und Weihnachts-Büchs."[31] Den Bibeltext für ihre Leichenpredigt hatte sie selbst ausgewählt: „Ich habe einen guten Kampf gekämpfet".

Maria Margaretha Böbinger (1625-1696) heiratete 1656 aus Frankfurt, dem Ort der Buchmesse kommend in die bekannte Ulmer Buchhandlung Görlin ein.[32] Zu dieser Zeit lebten noch beide Schwiegereltern, die Buchhandel und Verlag mit großem Engagement führten. Maria Margaretha und ihr Ehemann Daniel Görlin arbeiteten vermutlich unter deren Leitung mit. Als nach dem Tod Johann Görlins seine Witwe Dorothea die Geschäfte unter ihrem Namen übernahm, wird Maria Margaretha Schritt für Schritt zusätzliche Verantwortung für die Buchhandlung übernommen haben: zunächst während der Krankheit ihrer Schwiegermutter, dann nach deren Tod (1678) und schließlich nach dem Ableben ihres Mannes (1687). Aus dem Jahre 1694 ist ein Zeugnis überliefert, mit dem sie Johann Conrad Wohler bescheinigt, dass er bei ihr sieben Jahre lang als Buchhändler ausgebildet wurde (Kat. Nr. 60).[33] Das lässt darauf schließen, dass sie die Buchhandlung nach dem Tod ihres Mannes Daniel Görlin in eigener Verantwortung weiterführte. Diese Vermutung wird dadurch bestätigt, dass David Paisey in seinem Katalog der deutschen Bücher des 17. Jahrhunderts die Witwe des Daniel Görlin ebenso aufführt wie die Witwen von Johann Görlin, Balthasar Kühn und Johann Meder.[34] Die Verlagstätigkeit der Buchhandlung Görlin scheint allerdings nach dem Tod der Schwiegermutter erheblich reduziert worden zu sein. Denn bisher ist nur ein einziges Buch bekannt geworden – und das wurde von Daniel Görlin verlegt.[35] Von Maria Margaretha Görlin wissen wir nur noch, dass sie in der karitativen Tradition ihrer Schwiegermutter fortfuhr und sechs Jahre vor ihrem Tod dem Ulmer Waisenhaus den beachtlichen Betrag von 200 Gulden spendete (Kat. Nr. 59).

Dorothea Wagner (1657-1733), geb. Lommer, entstammte einer Buchbinderfamilie.[36] Das Medium war ihr also vertraut, als sie 1677 mit dem Ulmer Buchdruckergesellen Matthäus Wagner die Ehe einging, der zugleich eine Druckerei eröffnete. In den Anfangsjahren druckte Matthäus

Wagner aufwendig illustrierte Bücher und benutzte wertvolleres Papier als sonst üblich. Die Druckerei florierte, erfuhr jedoch nach einigen Jahren einen wirtschaftlichen Einbruch. Der konnte zwar überwunden werden, aber es blieben hohe Schulden. Als Matthäus Wagner 1695 überraschend bei einem Messebesuch starb, übernahm seine Witwe die Druckerei mit einer Schuldenlast von 1.300 Gulden. Zwölf Jahre lang führte Dorothea den Betrieb zusammen mit einem Faktor weiter und übergab ihn anschließend an ihren 21jährigen Sohn, dem sie eine fundierte Schul- und Berufsausbildung ermöglichte. Sie bot ihm auch die Gelegenheit, Wanderjahre anzuschließen, in denen er in den angesehenen Druckorten Wien, Leipzig und Berlin Erfahrungen sammeln und Kontakte für seine spätere Tätigkeit knüpfen konnte.

Um die Schulden abzubauen, hat Dorothea Wagner offensichtlich das finanzielle Risiko drastisch reduziert. Sie stattete ihre Bücher nur mit einer geringen Zahl von Illustrationen aus und druckte überwiegend Ulmer Autoren, die zudem ihre Werke selbst verlegten (Kat. Nr. 61). Außerdem trug sie dem Zeitgeist Rechnung, indem sie Kleinschriften in hoher Stückzahl herstellte: religiöse Schriften wie Gebetbüchlein, die in schlechten Zeiten vermehrt gefragt waren, Weihnachts- und Neujahrszettel, die ihre Auftraggeber zum Zeichen der Verbundenheit an Freunde verschickten, religiöse Schriften und Satzungen von Bruderschaften, Formulare aller Art, Bekanntmachungen, Aufrufe u.a. (Kat. Nr. 62). Mit dieser soliden Wirtschaftsführung schuf sie die Basis für den späteren Aufstieg der Wagner'schen Druckerei. Ihr Sohn Christian Ulrich I. (1686-1763) baute die Druckerei zu einem überregional beachteten Unternehmen aus. Er war wegen seiner schönen Lettern, des guten Papiers und des korrekten Drucks berühmt, weshalb er von den hiesigen wie auch auswärtigen Verlegern für den Druck ihrer wichtigsten Werke herangezogen wurde. So druckte er für den Berliner Verlag Haude und Spener die Neu-Auflage der lateinischen Klassiker.

Das Ziel dieses Beitrages lag nicht darin, Umfang und Inhalt des Druck- bzw. Verlagsprogramms von Witwen mit dem ihrer verstorbenen Ehemänner zu vergleichen, zumal schon Classen nachgewiesen hat, dass Frauen über ein ebenso anspruchsvolles Programm verfügen konnten wie

Männer. Hier wurde vielmehr versucht, die Umstände zu ermitteln, unter denen Frauen im Bereich des Buchdrucks in Ulm tätig waren. Bei den erwähnten Familien hat sicherlich das Vorbild der vorangegangenen weiblichen Verwandtschaft oder früherer Ehefrauen und anderer im selben Metier tätiger Ulmer Frauen wesentlich zur Motivation der Nachfolgerinnen beigetragen, diesen von männlichen Kollegen dominierten Beruf zu ergreifen und sich erfolgreich durchzusetzen.[37] „Rein nominell gesehen behielten zwar die Männer das Übergewicht, (…) aber sobald man sich heute gründlicher mit der Materie auseinandersetzt, treten uns allenthalben Frauen entgegen, die nicht bloß im Hintergrund mitwirkten, sondern die tatkräftig und selbstbewusst das Geschäft zu führen verstanden," urteilt Classen.[38] In diesem Sinne will die hier vorgestellte Untersuchung zu weiteren Recherchen ermutigen. Es sind sicherlich noch viele interessante Aspekte zum Leben und Wirken historischer Frauen zu entdecken.

1 Dieser Artikel fasst die Ergebnisse der Geschichtswerkstatt der Frauenakademie Ulm unter der Leitung von Dr. Birgit Jürgens und Dr. Uta Wittich zusammen. Teilnehmerinnen waren Caroline Dobring, Gertrud Dussler, Erika Fischer, Heidi Güttler, Ulrike Häffelin, Uta Schatte und Monika Schroeppel.
2 Von Caroline Dobring bearbeitet. Informationen zum Handwerksbetrieb bei Uitz 1992; Wunder 1992; Hufton 2002; speziell zu Buchdruckerinnen vgl. Schumann 1997; Classen 2000 und Classen 2001.
3 Specker 1977-1, S. 153. Häufig wird angenommen, dass nur die Jungen eine Schule besuchen konnten. Doch neben den Lateinschulen, die den Jungen vorbehalten waren, gab es auch Elementarschulen, die sog. Deutschen Schulen. In Ulm existierten schon im 15. Jahrhundert Deutsche Schulen; seit 1532 waren es ständig vier Lehranstalten.
4 Amelung 1979; Schmitt 1984; Schmitt 1985; Schmitt/Appenzeller 1992.
5 Schulz 1998, S. 104-109.
6 Giovanni Boccaccio: De claris mulieribus, deutsch von Heinrich Steinhövel „Von den erlauchten Frauen", gedruckt bei Johannes Zainer in Ulm, um 1474; Amelung 1979, vgl. auch Kat. Nr. 21.
7 Meine 1982, S. 110.
8 Amelung 1976, S. 32/33.
9 Schulz 1998, S. 104/105; Ulmer Schuldbuch von 1494/95, Stadtarchiv Ulm, A [3959].
10 Eine Tochter von Johannes Zainer d. Ä. hieß Barbara. Zainer muss 1493 wegen Überschuldung endgültig die Stadt verlassen haben. Sein gleichnamiger Sohn lässt sich ab 1496 als Buchdrucker in Ulm nachweisen. Am gleichen Tag wie Barbara Weytin ist im Ulmer Schuldbuch von 1494 ein „hanssen zainer" als Gläubiger erwähnt. Es muss Johannes Zainer d. J. sein, da sein Vater im Jahr zuvor die Stadt verlassen hatte. Zudem ist es unwahrscheinlich, dass der hoch verschuldete Zainer d. Ä. als Gläubiger auftritt; vgl. Amelung 1976, S. 32/33, und Amelung 1979, S. 32/33 u. 138/139.
11 Amelung 1976, S. 32/33. Im Steuerbuch sind 5 Schilling eingetragen, was dem Standardsatz entspricht. Der Steuerbezirk entspricht der heutigen Pfauengasse, liegt also nicht weit von den anderen Buchdruckern entfernt. Stadtarchiv Ulm, A [6506/2], S. 112.
12 Anna hieß die Frau des Ulmer Druckers Conrad Dinckmut, der 1496 noch in Ulm druckte. Anna hieß vermutlich auch die Frau des Ulmer Druckers Lienhart Holl (vgl. Anm. 11), der 1492 oder 1493 die Stadt Ulm verlassen musste. Mit Anna Buchtruckerin kann jedoch keine dieser beiden Frauen gemeint sein, da sie in einem anderen Steuerbezirk aufgeführt wird als die Dinckmuts und als Hollin Wittib; Amelung 1976, S. 33; Amelung 1979, S. 262.
13 Eine „Hollin wittib" im Steuerbezirk „Hanen gäßlin" zahlte 1499 den relativ hohen Betrag von einem rheinischem Gulden Steuer; Amelung 1979, S. 262. Zu Anna Holl von Ulm findet sich am 29. 11. 1486 im Stadtgerichtsbuch von Augsburg ein Eintrag, wonach sie u.a. mehrere Pfund „Tintten" (damals auch die Bezeichnung für Druckerschwärze) von einer Söflingerin erhalten sollte. Ihr Namenszusatz „von Ulm" und die „Tintten" lassen einen Zusammenhang mit Lienhardt Holl vermuten, der 1482 bis 1484 in Ulm druckte, aber im Ulmer Schuldbuch von 1486-88 nicht verzeichnet ist. Er hielt sich 1486 also vielleicht in Augsburg auf. Anna Holl könnte seine Ehefrau gewesen sein; Amelung 1979, S. 269.
14 Specker 1977-2; Weyermann 1798, S. 147.
15 Specker 1977-1.
16 Disputationen sind Thesen, die ein Student seinem Hochschullehrer gegenüber verteidigt.
17 Von Monika Schroeppel bearbeitet.
18 Stadtarchiv Ulm, A [2859], 03. 11. 1623.
19 Von Gertrud Dussler und Hanne Kumpf-Kuse bearbeitet.
20 Stadtarchiv Ulm, A [3530], Ratsprotokoll 1636, Bl. 339/340.
21 Stadtarchiv Ulm, A [6635], Kaufbuch, S. 42, und Stadtarchiv Ulm, H Schwaiger 91/57.
22 Stadtarchiv Ulm, A [2859], 12. 6. 1637.
23 Stadtarchiv Ulm, G2 Kühn (Görlerin), Anna, Leichenpredigt.

24 Von Uta Schatte bearbeitet.
25 Stadtarchiv Ulm, G2 Kühn, Balthasar, Leichenpredigt.
26 Stadtarchiv Ulm, G2 Kühn, Balthasar, Leichenpredigt.
27 Stadtarchiv Ulm, G2 Kühn (Wilhälmin), Anna, Leichenpredigt. Dort heißt es: „Ihrer Hauß-haltung nicht allein embsig abgewartet, sondern auch der Buchtrukkerey, weil ihr Stieff-Sohn viel Jahr krank darnieder gelegen." Es ist also verbürgt, dass sie für die Druckerei des Stiefsohnes tätig war, dennoch erscheint sein Name auf den Buchtiteln. Allerdings wurde diese Praxis nicht geschlechtsspezifisch angewandt, wie das Beispiel ihres Sohnes Georg Wilhelm Kühn zeigt. Er kam nach abgeschlossener Ausbildung von Nürnberg zurück und arbeitete mit ihr zusammen – in ihren letzten Jahren, als sie krank war, vermutlich sehr selbständig. Dies wird in ihrer Leichenpredigt bestätigt: „(…) welcher (…) den Buch-Handel rühmlich fortgeführet und ihr also zur Hand gegangen." Auch er erscheint als Verleger erst nach ihrem Tod auf den Titelblättern.
28 Stadtarchiv Ulm, G2 Kühn (Wilhälmin), Anna, Leichenpredigt.
29 Von Erika Fischer bearbeitet.
30 Stadtarchiv Ulm, G2 Görlin (Scheiffelerin), Dorothea, Leichenpredigt.
31 In der „Partem-Büchs" wurden wöchentlich Spenden für arme Schüler gesammelt; Specker 1977-2.
32 Von Heidi Güttler bearbeitet.
33 Stadtarchiv Ulm, F 8, Meister- und Lehrbriefe, Buchhändler. Die Urkunde entspricht formal in einigen Punkten nicht den Gepflogenheiten der Zeit um 1700, weshalb sie nicht als Original, sondern als nachträgliche Fassung anzusprechen ist. Inhaltlich stimmt das Zeugnis jedoch in allen genannten Fakten mit den Lebensdaten von Maria Margaretha Görlin und Johann Conrad Wohler überein.
34 Paisey 1994, zitiert nach Classen 2001.
35 Stadtbibliothek Ulm, A [5181]. Dabei handelt es sich um eine Neuauflage des Wund-Arzney-schen Zeug-Hauß von Johannes Scultetus aus dem Jahr 1679. Als Druck- und Verlagsorte werden Frankfurt und Ulm genannt, was vermuten lässt, dass Daniel Görlin in Ulm als Verleger und sein Bruder Johann Görlin d. J. in Frankfurt als Drucker verantwortlich waren. Schmitt 1984 indes geht von einer Arbeit der Wagner'schen Druckerei aus.
36 Von Ulrike Häffelin bearbeitet.
37 Anna Meder, geb. Görlin, wusste sicher um die Geschichte ihrer Schwiegermutter Ursula Meder, genauso wie Anna Kühn, geb. Wilhalm, die Geschichte ihrer beiden Vorgängerinnen gekannt haben wird. Dorothea Görlin war natürlich mit den Lebensumständen ihrer Schwägerin Anna Meder gut vertraut, zumal ihr Ehemann Annas Pfleger war. Maria Margaretha Görlin hatte über viele Jahre ihre tatkräftige Schwiegermutter Dorothea Görlin vor Augen. Und die Mutter von Dorothea Wagner wuchs bei Dorothea und Johann Görlin auf. Dorothea Wagner ihrerseits, so ist anzunehmen, verfolgte das engagierte Wirken ihrer Tante Dorothea Görlin in ihrer Jugend sehr genau.
38 Classen 2000, S. 194.

Katalog

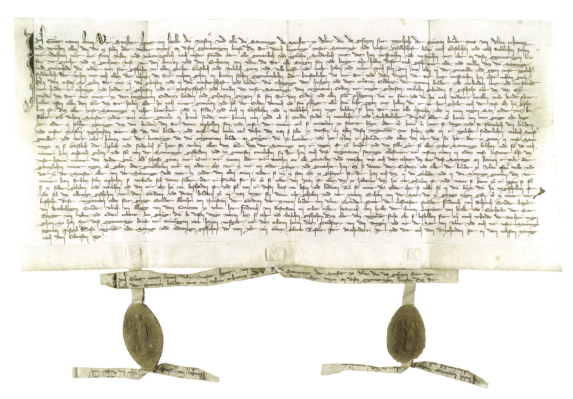

Kat. 1

1
Satzung und Ordnung der Ulmer Sammlungsschwestern
Ulm, 8. Januar 1313
Pergamenturkunde mit anhängenden Siegeln des Ulmer Wengenpropstes und des Konvents der Ulmer Sammlungsschwestern, das Ulmer Stadtsiegel fehlt; H. 30 cm, B. 42 cm
Stadtarchiv Ulm, A Urk. 1313 Januar 8

1311 hatte der Papst das Beginentum verboten. Viele Gemeinschaften wurden zu Klöstern umgewandelt. Andere, die sich dem widersetzten, wurden aufgelöst. Im Einvernehmen mit dem Rat der Stadt gelang es den Ulmer Sammlungsschwestern jedoch, ihre bisher informelle Verbindung zu den Franziskanern im Barfüßerkloster so zu regeln, dass ihre Freiheit und wirtschaftliche Unabhängigkeit erhalten blieb. Der Text dieser Urkunde zeugt denn auch vom Selbstbewusstsein und einem erstaunlichen Demokratieverständnis der Frauen, wenn es heißt: „In Gottes Namen Amen. Wir, Agnes von Hall, die Meisterin und alle Schwestern der Sammlung zu Ulm, verkünden allen, die es wissen sollen (…) mit diesem Brief, dass wir zur Besserung unserer Sammlung und Gesellschaft, sowohl geistlich als weltlich, nach reiflicher Überlegung, jede für sich und alle gemeinsam, ohne Zwang uns abgesprochen haben und nun diesen Brief vor den Amman und die Richter zu Ulm bringen. Da wir alle Bürgerinnen sind und Bürgerrechte haben!"

Literatur: UUB I, Nr. 259 – Greiner 1924 – Schulz 1998

2
Feierliche Grundsteinlegung zum Bau des Ulmer Münster am 30. Juni 1377
Ulm, 1633
Tempera und Gouache auf Pergament
Slg. Krafft von Dellmensingen, Schloss Goldegg, St. Pölten/Österreich
Reproduktion

Es handelt sich um eines von drei Blättern eines

Kat. 2

aufgelösten Stammbuches der Familie Krafft von Dellmensingen. Vermutlich war es Froben Krafft, der 1633 das Blatt als Gedächtnis für die Leistung seiner Ahnen malen ließ. Die Kraffts waren maßgeblich für den Münsterneubau verantwortlich gewesen. Den Grundstein für die neue Kirche innerhalb der Stadtmauern legte 1377 der ehemalige Bürgermeister Lutz Krafft zusammen mit weiteren neun Patriziern, Ratsherren der vornehmsten Zünfte und Vertretern der bürgerlichen Ehrbarkeit, die allesamt im Vordergrund zu sehen sind. Krafft kniet im roten Wams in der Baugrube, beobachtet von Johannes Ehinger, links vorn, und Konrad Besserer, vorn in der Bildmitte. Die Darstellung folgt darin weitgehend dem Bericht Felix Fabris in dessen „Tractatus de Civitate Ulmensi" (um 1488). Rechts befinden sich Musiker und Vertreter der Geistlichkeit, die den feierlichen Akt durch Musik und Wort begleiten. Hinter der Baugrube legen je zwei vornehme Bürger beiderlei Geschlechts Geld, Schmuck, versiegelte Stiftungsbriefe u. a. einer Skulptur der Patronin der Kirche, der hl. Jungfrau Maria, zu Füßen. Am linken Bildrand haben sich zwölf Damen in patrizischer Tracht formiert. Dahinter, die obere Hälfte des Formates füllend, nähern sich Frauen und Männer paritätisch in einer streng perspektivisch dargestellten Prozession, die von den Handwerkern der Münsterhütte, links, beobachtet wird.

Das Bild zeigt, dass es in der mittelalterlichen Gesellschaft in Ulm noch keine rigide Geschlechtertrennung gegeben hat und Männer wie Frauen gemeinsam das öffentliche Leben in der Stadt aktiv gestalteten – wenngleich das zentrale Geschehen von Männern dominiert wird.

In der Ansammlung von Damen links hinter der Baugrube können die zwölf Schwestern der Ulmer Sammlung vermutet werden, die für den Kirchenbau ihre erste Niederlassung am nördlichen Münsterplatz aufgeben mussten. Die Platzierung der aus den besten Ulmer Familien stammenden Beginen unmittelbar am Zentrum des Geschehens dokumentiert das hohe gesellschaftliche Ansehen der Sammlungsfrauen.

Literatur: Veesenmeyer 1889, S. 37f – Fleischhauer 1977 – Schulz 1998

3
Modell vom Gebäudekomplex der Ulmer Sammlung
Reproduktion
Stadtarchiv Ulm, F 3a, Frauenstraße. Neg. 38–5A
1980

Das kleine Modell in unbekannten Besitz gibt eine Vorstellung von der „Neuen Sammlung" in der Frauenstraße/Ecke Sammlungsgasse. Das Anwesen hatten die Sammlungsschwestern für 1.100 Gulden von den Gebrüdern Krafft gekauft und 1386 bezogen, nachdem sie ihre erste Niederlassung wegen des Münsterneubaues hatten verlassen müssen. Weyermann schreibt dazu: „Im Jahr 1386 verkauften Lutz Krafft und Otto Krafft, Hansen hinterlassene Kinder, ihr Steinhaus, Stadel, Hofraite und Garten an der Webergasse (jetzt Frauenstraße) den geistlichen Frauen, der Meisterin und Convent, gemeiniglich in der Sammlung genannt, hie zu Ulm, und allen ihren Nachkommen fuer 1100 fl." 1808 wurde die Sammlung aufgelöst und diente zunächst als Pfarramt, bis hier zuerst eine private Schule und dann 1870 die erste städtische Höhere Schule für Mädchen eingerichtet wurde. Beim Bombenangriff am 17. Dezember 1944 wurde der gesamte Komplex zerstört und schließlich abgerissen.

Literatur: Weyermann 1829, S. 239

Kat. 3

Kat. 4

4
Façade von dem Sam(m)lung-Stift in Ulm
Ulm, 2. Viertel 19. Jh.
Feder auf Papier, laviert; H. 29,2 cm, B. 43,4 cm
Stadtarchiv Ulm, F 3, Ans. 637

Die lavierte Federzeichnung erinnert in ihrer Machart an zeitgenössische Stahlstiche und dürfte auch als vorbereitende Zeichnung für einen Architekturstich gedacht gewesen sein. Die Darstellung vermittelt einen Eindruck vom Zustand der Sammlungsgebäude zu Beginn des 19. Jh. zur Frauenstraße hin. Dimension und Gestalt des stattlichen Hauptbaues mit dem hohen, spitzen Dach, dessen Giebel ebenso wie das seitlich platzierte Zwerchhaus mit Fialen besetzt ist, und die nicht auf ein festes Achsensystem bezogenen Fensteröffnungen und Portale deuten auf eine Entstehung des Gebäudes spätestens im 14. Jh. hin. Portale, Fenster und der Zwerchgiebel sind frühbarock, um 1600, überformt. Zur derselben Zeit wurde die Fassade seitlich von Rustika eingefasst und Ober- und Untergeschoss von einem kräftigen Gesims optisch getrennt.

Literatur: Schefold 1957, Nr. 10073

5
Franziskuskirche in Ersingen, Alb-Donau-Kreis (heute ev. Pfarrkirche)
Reproduktion

Zu Beginn des 15. Jahrhunderts erwarben die Ulmer Sammlungsschwestern das Dorf Ersingen mit 20 Höfen, Wiesen, Wäldern und Weiden und allen Herrschaftsrechten. Das bedeutete, dass die Meisterin und die Sammlungsgemeinschaft mit Gesetzen und Verordnungen, z.B. für Jagd und Fischerei, das Leben in der Dorfgemeinschaft regeln mussten und auch bei Rechtsbrüchen die Funktion von Dorfrichterinnen hatten. Für schwere Verbrechen wie Mord waren Ulmer Richter zuständig.

Die Schwestern erreichten, dass Ersingen 1461 eigenständige Pfarrei wurde und sie somit das Recht hatten, ihren Pfarrer selbst auszuwählen und dem Bischof zur Investitur vorzuschlagen. Die ehemalige Marienkapelle wurde nun dem hl. Franziskus geweiht und rasch baulich erweitert. Der heute als einziger spätgotischer Bauteil erhaltene Chor ist 1476 datiert. Damit machten sie ihre Machtposition nach außen hin sichtbar. Im Inneren der Kirche folgte eine

Kat. 5

heute noch in Resten erhaltene großzügige Ausstattung mit einem prachtvollen Hochaltar aus den Jahren um 1485/90, dessen Flügelgemälde dem Ulmer Maler Jakob Acker zugeschrieben werden. Anfang des 16. Jh. folgten noch zwei Seitenaltäre, von denen nur die Schreine mit Skulpturen aus der Werkstatt des Ulmer Bildschnitzers Nikolaus Weckmann erhalten geblieben sind. Der Konradsaltar (Abb. S. 18) trägt die Jahreszahl 1514.

Nach Zerstörungen und Beschädigungen im Dreißigjährigen Krieg und im Spanischen Erbfolgekrieg ließen die Damen des „hochedlen" Sammlungsstiftes den Bau 1766 bis auf den Turm und den Chor abtragen und in barocken Formen vergrößert wieder aufbauen. Die Wappen der Karoline von Breitschwert, Anna Maria Wickh, Sibylla Harsdörffer und Katharina von Lötzen-Seutter erinnern heute noch an die Herrschaft der Sammlungsschwestern in Ersingen.

Literatur: Haid 1786, S. 86 – Kirchenführer Ersingen 1983 – Kirchenführer Ersingen 1994 – Schulz 1998, S. 36/37

6
Asselfingen von Westen
Daniel Frießen, 1771
Kolorierte Federzeichnung auf Papier;
B. 44,7 cm, H. 23 cm
Stadtarchiv Ulm, F1 XXVIII, K.27, L 3, Mappe Asselfingen

Die am 14. August 1771 von Daniel Frießen, „Forstmeister und Feldmesser zu Langenau" angelegte Zeichnung zeigt eine Ansicht der nordöstlich von

Kat. 6

Langenau gelegenen Ortschaft Asselfingen. Hier hatte 1423/24 die Ulmer Sammlung 14 Bauernhöfe, 30 kleinere Anwesen, ein Bad und 30 Jauchert Wald (ca. 15 ha) erworben. Damit waren sie neben der Stadt Ulm und den Grafen von Waldburg-Wolfegg, die ihre Güter und Gerechtigkeiten 1540 der Familie Besserer in Ulm vermachten, Haupteigentümerinnen und besaßen auch in Asselfingen das Herrschaftsrecht. So wie in Ersingen bauten sie auch in Asselfingen für den von ihnen eingesetzten Schultes ein Amtshaus, heute das Gasthaus „Zum Hirschen", auch „Schlössle" genannt. Das Herrschaftsrecht wurde ihnen Ende des 16. Jahrhunderts von der Stadt Ulm zusehends streitig gemacht. 1654 beendete der Rat die über 400jährige Eigenständigkeit der Sammlungsfrauen. Die volle Verantwortung der Vermögensverwaltung wurde einem bereits 1649 eingesetzten Hofmeister übertragen. Das Barvermögen floss in die Hospitalstiftung. Das Sammlungsarchiv wurde vom Rat konfisziert. Trotz vehementer Proteste der Meisterin und der Schwestern blieb der Rat bei seiner Entscheidung.

Außer in Ersingen und Asselfingen gehörten zum Grundbesitz der Sammlungsschwestern 17 verpachtete Höfe und kleinere Anwesen in den Dörfern Anhofen, Donaurieden, Einsingen, Elchingen, Oellingen, Pfuhl und Wettingen. Dazu in der Stadt Ulm eine Mühle sowie Haus- und Grundbesitz in 22 Straßen.

Literatur: Haid 1786, S. 86 – Klaiber/Wortmann 1978, S. 116–129 – Schulz 1998, S. 31–34

7
Codex
Verena Baldenstein, Oggelsbeuren, um 1420
Papier, 261 Blätter; H. 21 cm, B. 15 cm
Württ. Landesbibliothek Stuttgart,
Handschrift HB I 207

Die aus Ulm stammende Verena Baldenstein war Schwester in dem 1378 von der Ulmer Sammlung gegründeten Terzianerkonvent in Oggelsbeuren. Den vorliegenden Sammelband mit gelehrten Texten unterschiedlicher Autoren beschließt die

Kat. 7

Schreiberin mit den selbstbewussten Worten: „Wer diß buoch leß oder hoer leßen der ge = / denk durch got swest(er) Vrene(n) ze Ogelspure(n) / sii sig lebe(n)t od(er) tod dii diß buoch geschrib(n) hat." („Wer dies Buch ließt oder vorgelesen bekommt, der gedenke durch Gott Schwester Verena von Oggelbeuren, sie sei lebend oder tot, die dies Buch geschrieben hat").

Literatur: Krämer 1989, S. 727 f

8
Ulm von Süden
Michael Wolgemut und Wilhelm Pleydenwurff,
Nürnberg 1493
Kolorierter Holzschnitt; H. 19,8 cm, B. 52,5 cm
Stadtarchiv Ulm, AR Ans. 1

Der Holzschnitt stammt aus der 1493 erschienenen und damals ungemein populären Weltchronik des Nürnberger Arztes und Gelehrten Hartmann Schedel. Dieser beauftragte den Maler Michel Wolgemut

Kat. 8

und dessen Stiefsohn Wilhelm Pleydenwurff mit der Herstellung der insgesamt 1809 Holzschnitte. Damit ist die Schedelsche Weltchronik das am reichsten bebilderte gedruckte Buch im 15. Jh. und zugleich eines der aufwendigsten Projekte in der Frühzeit des illustrierten Buchdrucks. Verlegt wurde das in Latein und Deutsch erschienene Werk bei Anton Koberger in Nürnberg. Die Chronik umfasst eine Schilderung der Welt von der Schöpfung bis zum Jüngsten Gericht. Herausragend sind die mehr oder weniger genauen, teilweise auch phantastischen Stadtansichten. Viele Städte wurden hier erstmals topografisch erfasst, so auch Ulm. Es handelt sich um die älteste Ansicht der Reichsstadt, die damals etwa 20.000 Einwohner zählte, die politisch führende Großstadt im deutschen Südwesten war und im Zenit ihrer wirtschaftlichen und kulturellen Entwicklung stand. Die Darstellung Ulms orientiert sich zumindest soweit an den realen Gegebenheiten des damaligen Stadtbildes, dass die Grafik auch ohne die Benennung oben rechts „VLMA" identifizierbar wäre. Erkennbar sind u.a. der Münsterturm, das Rathaus und das Herdbruckertor. Der Holzschnitt war ursprünglich noch durch eine Stadtbeschreibung Hartmann Schedels ergänzt.

Literatur: Rücker 1973 – Roth 1993 – Reske 2000

9
Bildnis der Barbara Kluntz
Ulm, nach 1717
Öl auf Leinwand; H. 87 cm, B. 73,5 cm
Ulmer Museum, Inv. Nr. 1928.6048

Die Orgel- und Klaviervirtuosin Barbara Kluntz (1660–1730) war um die Wende des 17./18. Jahrhunderts eine etablierte Komponistin und Musikpädagogin in Ulm. Über ihre schulische und musikalische Ausbildung ist nichts bekannt. Seit 1704 lebte die Tochter des Schneidermeisters Peter Kluntz und seiner Ehefrau Katharina, geb. Messerschmid, in der zum städtischen Damenstift gewandelten Sammlung. Sie blieb bis zum Lebensende berufstätig und war der Mittelpunkt eines Zirkels von gebildeten Frauen, darunter die Lehrerin Anna Maria Reiser, die wie Anna Maria Häckel und die Ehefrau des Pfuhler Amtmannes Th. Dachauer auch als Dichterin bekannt war. Barbara Kluntz ist in der zeitgenössischen Tracht der reichsstädtischen Ulmer Dame dargestellt. Die Orgel im Hintergrund und ein von ihr verfasstes Choralmusikbuch von 1717 (Kat. Nr. 10), das sie vor sich präsentiert, sowie das Schreibzeug u.a. weisen auf ihre Tätigkeiten als Musikerin und Komponistin, aber auch als Verfasserin von Lied- und Arientexten hin. Das Porträt der Barbara Kluntz ist das einzig erhaltene Bildnis einer Ulmer Sammlungsschwester.

Literatur: Beck 1985 – Schulz 1998, S. 34/35

Kat. 9

10
ChoralMusicBuch / welches bestehet / In Noten gesetzten Melodien zu den Schönen / Lehr und Trostreichen Liedern, deß Seel. H D. Martin / Luthers, und Anderer Rein=Evangelischen Lehrern (…)
Barbara Kluntz, Ulm, 1711
Papierhandschrift, kolorierter Kupferstich,
Ledereinband; H. 17 cm, B. 21 cm
Stadtarchiv Ulm, H Kluntzin, Nr. 1

Diese Choral- und Ariensammlung ist eines der beiden im Stadtarchiv Ulm erhaltenen Notenbücher der Musikvirtuosin und Komponistin Barbara Kluntz. Das zweite, ein 1720 herausgegebenes „Clavier-Music Buch" enthält 53 von ihr bearbeitete Lieder. Zu sehen ist die Arie „Zu Lob der edlen und freien Kunst der Musik", zu der Barbara Kluntz nicht nur die Musik komponierte, sondern auch den Text verfasste. In beidem zeigt sie sich ganz auf der Höhe der Zeit und präsentiert sich als moderne und aufgeschlossene gebildete Frau. Die in diesem Notenbuch ebenfalls gesammelten Choräle geben uns darüber hinaus eine Vorstellung von der damals in Ulm gespielten Kirchenmusik.

Barbara Kluntz unterrichtete ihre Schülerinnen (und Schüler) mit großem Engagement und führte das Klavier als Instrument der Hausmusik in Ulm ein. Wie sehr sie als Musikpädagogin sogar in Berlin geschätzt war, belegen Texte in den erhaltenen Notenbüchern mit der Laudatio ihrer dankbaren Schülerinnen und Schüler.

Literatur: Beck 1985 – Schulz 1998

Kat. 10

Kat. 11

11
Glaubiger Kinder Gottes Englische Sing-Schule (…). Mit schriftmässigen Kupffern gezieret
Johann Dietrich Herrich, gedruckt bei Daniel Bartholomäus, Ulm 1717
Frontispiz mit Kupferstich: Engel mit Frauenchor; H. 17 cm, B. 10 cm
Stadtbibliothek Ulm, Sig. 122: 17776

Literatur: Schmitt 1984, Nr. 215

12
Stiftungsurkunde der Bürgerin Agnes von Gerhusen
Ulm, 11. August 1340
Pergamenturkunde; H. 12,5 cm, B. 29 cm
Stadtarchiv Ulm, A Urk. 1340 August 11

Trotz des päpstlichen Beginenverbotes von 1311 kam es im 14. Jahrhundert zu einer zweiten großen Beginenbewegung. Nachdem es in den rasch wachsenden Städten an Einrichtungen für die Armen- und Krankenversorgung mangelte, waren es wiederum Frauen, die die Initiative ergriffen und in Schwestern- bzw. „Seelhäusern" neue ordensfreie Gemeinschaften gründeten und sich der Armen- und Krankenversorgung widmeten. Das von Agnes von Gerhusen gestiftete Haus auf der Eich, in der Nähe des Hirschbades, war das erste von drei Seelhäusern in Ulm, die von Frauen gestiftet wurden. Bemerkenswert ist, dass die Urkunde weder Zeugen noch einen Vormund nennt.

Die wesentlichen Worte der Stiftungsurkunde lauten in neuer Übertragung: „Ich, Schwester Agnes von Gerhusen, eine Bürgerin zu Ulm, urkunde und verkünde öffentlich mit diesem Brief (…), dass ich die ehrsamen Schwestern Adelheid von Bollingen, Guta von Weißenhorn und Mechthild von Schwaighoven zu mir genommen habe in mein Haus (…), dass ich und auch sie – wir alle vier – das Haus miteinander nutzen und haben sollen, vollberechtigt – eine wie die andere."

Die Frauen zahlten beim Eintritt je einen Beitrag von fünf Pfund fünf Schilling. Das Haus sollte immer von vier Schwestern bewohnt und weder verpfändet noch verkauft werden. Nach dem Tod einer Schwester sollte sogleich eine andere aufgenommen werden. Dabei war das Erbrecht von Familienangehörigen dezidiert ausgeschlossen. Strittige Fragen sollten mit dem Stadtrechner geklärt werden.

Literatur: UUB II,1, Nr. 193 – Schulz 1992, S. 31–39 – Münch 1994, S. 102 – Wilts 1994, S. 217–222 – Schulz 1998, S. 51/52

13
Bildnis der Ursula Greck
Bartholomäus Dauher, 1491/92
Mischtechnik auf Nadelholz; H. 44 cm, B. 32 cm
Ulmer Museum, Inv. Nr. A.I. 1987.9251

Die auf dem Gemälde dargestellte Ursula Greck, geb. Brandenburg (um 1460–1497) – oben links ist ihr Name „vrsla greckin" zu lesen – stammte aus Biberach. Aus einer der führenden Familien der Stadt stammend ehelichte sie ein Mitglied der einfluss-

Kat. 12

reichsten Ulmer Patriziergeschlechter, den seit 1476 für die Finanzverwaltung des Münsterbaus verantwortlichen Pfarrkirchenpfleger Bartholomäus Greck. Dem Gemälde muss als rechtes Pendant das Porträt ihres Mannes gegenübergestellt werden. Es ist lei-

Kat. 13

der verloren, doch ist überliefert, dass der über Augsburg nach Ulm gekommene Wiener Maler Bartholomäus Dauher, der auch unter dem Notnamen „Ulmer Konterfetter" bekannt wurde, im Jahr 1491 ein solches gemalt hat.

Den hohen gesellschaftlichen Stand der Greckin verdeutlicht ihr am Oberkörper aufwendig besticktes Gewand, ebenso ihre goldbestickte Haube und ihr Schmuck. Ursula Greck zählt zu einer ganzen Reihe Ulmer Frauen, die soziale und geistliche Institutionen mit Stiftungen bedachten. Testamentarisch vermachte sie 1497 den Schwestern im Seelhaus am Wörth (heute Bereich Glöcklerstraße) einen Betrag von 50 Gulden.

Literatur: Buchner 1953, S. 82/83 – Treu 1988

Kat. 14

**14
Bildnis der Catharina Peutinger**
Georg Riederer d. J., 1572
Öl auf Holz; H. 81,5 cm, B. 55 cm
Ulmer Museum, Inv. Nr. 1949.8837

Catharina Peutinger (1506–1584) wurde als Tochter des Humanisten Konrad Peutinger und der hochgebildeten Patrizierin Margarethe Welser in Augsburg geboren. 1527 heiratete sie den Ulmer Patrizier und Ratsherren Hieronymus Schleicher. Catharina Peutinger war eine Zeitgenossin der Ärztin Agathe Streicher.
Die Inschrift oben links auf dem Porträt, das der Ulmer Stadtmalers Georg Rieder d. J. malte, lautet:

CATHARINA PEVTINGERA HIERONYMI / SCHLEICHERI rc CONIVNX AETATIS SUAE / ANNO LXVI

Literatur: Kat. Ulm 1981, Kat. Nr. 152

15 (ohne Abb.)
Pfandbücher, Bd. 23
Ulm, 1569–1572
Papier, Einband Leder; H. 41 cm, B. 25 cm
Stadtarchiv Ulm, A [6678]

Register der Kreditbriefe von Ulmer Bürgerinnen und Bürgern mit Angaben zur Verwendung der Zinsen für wohltätige Zwecke und dem Datum der Rückzahlung. Das Register enthält u. a. 11 Kreditbriefe der berühmten Ärztin Agathe Streicher im Wert von 2.070 Gulden.
Ähnlich erfolgreich im Kreditgeschäft war Magdalene Schlegel, Witwe von Lorenz Neubronner. Von 1574–1576 vergab sie 36 Kredite im Wert von 10.500 Gulden.
Den ungeheuren Wert der Kredite verdeutlicht das Gehalt des ersten Spitalarztes. Er wurde 1564 von der Stadt mit einem Jahresgehalt von 200 Gulden angestellt.

Literatur: Schulz 1998, S. 60–63 – Schulz 1999, S. 20–23 – Sporhan-Krempel 1958, S. 174-180

16 (ohne Abb.)
Kreditbrief der Ärztin Agathe Streicher
Ulm, 1569
Feder auf Papier; H. 41 cm, B. 25 cm
Stadtarchiv Ulm, A [6678]

In diesem Kreditbrief bestätigt am 17. August 1569 der Kupferschmied Martin Hopp einen Kredit über 100 Gulden, den er von Agathe Streicher erhalten hatte. Am 16. April 1578 wurde er zurückgezahlt. Agathe Steicher († 1581) war eine weit über Ulm hinaus berühmte Ärztin. Sie wurde von bekannten Persönlichkeiten aus dem Hochadel und der Kirche konsultiert, u. a. von der Prinzessin von Zollern, dem Bischof von Speyer, dem Landvogt von Schwaben und dem Probst von Trient. Am 15. März 1561 leis-

Hauß, ein Capital von Zweyhundert Gulden zu ein ewigen Bestift gewidmet und bestimt, welche bey sin Wollöblichen Steuerambt angewißen sind, also daß dieses Capital von den eingehenden Zinßen jahrlich versteurt, und der verhältnißmäßige zu rest deß Zinßes, allerjahrlich auf Johannis Baptistæ den Stock deß Waisenhaus allhier ge- liefert nebst bestehende f. 50. Interi Stiftung singege künftig durch obgedachte f. 200. cor Stiftung aufgehob seyn- die Verw tung aber die neuen mildenStif vorzügl- deßen ßi terlaßenen Frau Witt gebühren- nach dere erfolgenden Ableben aber dem nächsten seinen Anverwandten anvertraut werden solle. Gott verleyhe dem seel: Herrn Stifter, vor solche zeitliche Wohltat die ewige Freude. / Deßen hinterlaßene Wittib Frau Ursula Johann Christopf ottoin, gebohrne Eccardin von Bußenstatt hingegen welche hier im Portrait zu sehen, wolle Gott zu aller tete Agathe Streicher den Ulmer Ärzteeid. Sie wurde damit vom Rat den „Doctores medicies" (Internisten) gleichgestellt. Im September 1576 erreichte sie mit dem Ruf an das Krankenbett Kaisers Maximilian II. den Höhepunkt ihrer ärztlichen Karriere. Fürstliche Patienten zahlten fürstliche Honorare.

Die Ärztin betrieb zusammen mit ihrer Schwester Margarethe († 1576) auch ein florierendes Kreditgeschäft. Von 1569 bis zu ihrem Tod sind 52 Kredite im Wert von 14.000 Gulden von Agathe Streicher registriert. In ihrem Testament vom Januar 1581 vermachte sie unter anderem 1.000 Gulden für die Ausbildung von Waisenkindern und 800 Gulden für ihre vertriebenen Glaubensschwestern und -brüder.[1]

Agathe Streichers Haus war das Zentrum einer mystischen Sekte, die von Caspar Schwenkfeld (1489–1561) einem Prediger der Wiedertäuferbewegung in der Reformationszeit in Schlesien gegründet worden war. Er hat sich wiederholt in Ulm aufgehalten und ist 1561, obwohl vom Rat aus der Stadt verbannt, im Haus der Agathe Streicher gestorben. Die Anhänger der Schwenkfeldschen Lehre wurden zunehmend als Ketzer verfolgt und ihre Gemeinden in Süddeutschland im 17. Jh. aufgelöst.[2]

1 Zu Agathe Streicher vgl. auch Schulz 1999, S. 20–23.
2 Zu Schwenkfeld vgl. Sporhan-Krempel 1958, S. 174–180.

Literatur: unpubl.

17
Stiftungsbuch des Ulmer Funden- und Waisenhauses
Ulm, angelegt 1661, 1677 vorübergehend eingestellt, 1681 fortgeführt bis 1795
Feder auf Papier mit zahlreichen Illustrationen (Wappen, Portäts und Gedächtnisse der Stifter u. a.) in Tempera und Gouache, z. T. auf eingeklebten Pergamentseiten, ein Schabkunstblatt (fol. 107 v), 326 Blatt, Einband aus braunem geprägten Leder, vier Lederbänder als Verschlüsse;
H. 33 cm, B. 21 cm;
Ulmer Museum, Inv. Nr. 1924.5273

Das handschriftlich geführte Buch, das vom 1661 bestellten Leiter des Waisenhauses, Bartholomäus Müller im selben Jahr angelegt wurde und mit kurzer Unterbrechung bis 1795 fortgesetzt wurde, verzeichnet 200 Stiftungen für die Waisenkinder in Ulm. Die meisten Stiftungstexte sind mit den farbig angelegten Wappen der Stifter versehen, manche schmücken die Porträts der Stifter, einige wurden mit aufwendig gemalten Gedächtnissen geschmückt, um das Andenken an sie wach zu halten. Diese hofften, damit „Gott zu allersegensreichen Aufnahme sich bestens empfohlen" zu haben. So steht es unter dem Bildnis der auf fol. 88v dargestellten Ursula Eccardin zu lesen ist (Abb.), deren verstorbener Mann, der Schuhmacher und Zunftmeister Georg Otto, dem Waisenhaus 200 Gulden gestiftet hatte.

Literatur: Kurz 1929 – Schulz 1992, S. 53-56

18
Schulspeisung
Ulm, 2. H. 17. Jh.
Gouache und Tempera auf Pergament auf Papier;
H. 31 cm, B. 20 cm
Ulmer Museum, Inv. Nr. 1924.5273

Die Szene ist der linke Teil eines Doppelblattes, deren rechter die epitaphartige bildliche und inschriftliche Aufforderung zur Unterstützung Bedürftiger schmückt. Das Blatt gehört nach genereller Machart und Vergleich der Schriften zum Stiftungsbuch des Ulmer Funden- und Waisenhauses im Besitz des Ulmer Museums (Kat. Nr. 17), in das es auch lose eingelegt ist.

Es handelt sich demnach um eine Speisung der Waisen im Ulmer Fundenhaus. Die Speisung geht in einem großen, bildgeschmückten Saal vonstatten, an dessen Außenwänden lange Tische vor einfachen Holzbänken stehen. Davor haben sich die Jungen und Mädchen in uniformer Tracht aufgestellt; hinten die Mädchen, vorn die Knaben, von denen die ersten bereits einen kleinen Laib Brot entgegennehmen, der ihnen von einer vornehmen Dame aus großen Körben über einen Tisch gereicht wird. Sie trägt, nur um eine Schürze ergänzt, die gleiche Kleidung wie zwei weibliche Gäste, die mit ihren Ehemännern mitten im Raum Platz genommen haben und das Geschehen betrachten: ein bodenlanges schwarzes Kleid mit hohem Rüschenkragen und eine gesteifte weiße Haube. Ein weiterer ebenfalls ganz in Schwarz gekleideter Mann steht – wohl mit seinem Sohn – in etwas Abstand hinter der Brot verteilenden Frau und verfolgt ihr Tun. Wahrscheinlich handelt es sich um deren Ehemann und Sohn. Es dürfte sich bei diesen prominent platzierten Personen um Vertreter des Patriziats handeln, die aufgrund von Stiftungen mit dem Waisenhaus verbunden waren. Dahinter sind noch drei Frauen in Hausfrauentracht (?) zu erkennen, möglicherweise Bürgersfrauen oder Schwestern der Sammlung, die dem Geschehen interessiert beiwohnen.

Literatur: Schulz 1992, S. 56

19 (ohne Abb.)
Ulm aus der Vogelschau
Ulm, 1597
Aquarell und Feder auf Papier; H. 67,5 x 137,5 cm
Ulmer Museum, Inv. Nr. AB 1765

Unten rechts auf dem großen Vogelschauplan mit einer relativ genauen topografischen Aufnahme Ulms ist die Anlage des Heiliggeistspitals im Südosten der Altstadt, an der Stelle der heutigen Dreifaltigkeitskirche erkennbar. Das Spital wurde vor 1240 an der Blau von der Ulmer Bürgerschaft gegründet, nachdem die Augustinerchorherren die Krankenversorgung im ersten Spital auf dem Michelsberg aufgegeben hatten. Nach einem Brand entstand um 1300 das neue Spital an der Donau. Für die Verwaltung und Organisation wurden Brüder und Schwestern vom Heiliggeistorden berufen. Der Hospitalmeister war oberster Herr der Gemeinde von Kranken und Gesunden. Für die pflegerische und heilkundliche Versorgung sowie für den Bereich der Hauswirtschaft war eine Meisterin verantwortlich. Erst als 1912 die städtischen Krankenanstalten auf dem Safranberg fertiggestellt wurden, verlor das Heiliggeistspital seine Aufgabe als Bürgerspital und wurde zum Alten- und Pflegeheim, heute Dreifaltig-

Kat. 18

keitshof. Die Schwestern können hier auf eine über 700jährige Pflegetradition zurückblicken. Die Spitalgebäude wurden beim Luftangriff am 17. Dezember 1944 schwer beschädigt und zum Teil für den Bau der neuen Straße abgerissen.

Literatur: Greiner 1907 - Schulz 1992

20
Stiftung der Bürgerin Adelheid von Sulmetingen für das Heiliggeistspital
4. November 1394
Pergamenturkunde mit anhängenden Siegeln des Heiliggeistspitals und der Reichsstadt Ulm, H. 30 cm, B. 42 cm
Stadtarchiv Ulm, A Urk. 1394 November 4

Kat. 20

Peter Karrer, der Spitalmeister, und die Konvente der Brüder und Schwestern bestätigen die umfangreiche Stiftung der Bürgerin Adelheid Nieß von Sulmetingen für das Heiliggeistspital. Sie hatte ihren „Willen" vor dem Bürgermeister und allen Ratsherren der Stadt kundgetan. Adelheid von Sulmetingen überschrieb dem Spital vier Höfe, dazu Pachterträge von zahlreichen Höfen, u. a. in Holzkirchen, Illertissen, Westerstetten und Steinheim. Einen ihrer drei Höfe in Mähringen hatte sie von der „Meisterin und den Frauen der Sammlung zu Ulm erkauft". Die Pacht sollte z.T. in Naturalien wie Getreide, Eier, Käse und Geflügel beglichen werden.

Adelheid von Sulmetingen (um 1340–1400) stammte aus einer wohlhabenden Bürgerfamilie und war mit Ruldof von Sulmetingen verheiratet. Nach dessen Tod lebte sie in zweiter Ehe mit Heinrich Krafft und gehörte somit zum Ulmer Patriziat. Adelheid von Sulmetingen ist als die bedeutendste Stifterin des 14. Jh. in die Geschichte der Reichsstadt Ulm eingegangen.

Literatur: Schulz 1998, S. 67–70

21
De claris mulieribus
Giovanni Boccaccio, deutsch von Heinrich Steinhövel „Von den erlauchten Frauen",
gedruckt bei Johannes Zainer d. Ä., Ulm, um 1474
H. 28 cm, B. 21 cm, T. 4,5 cm
Stadtbibliothek Ulm, Sign. 14992–14993,1

Steinhövel hat seine Übersetzung des berühmten italienischen Schriftstellers Giovanni Boccaccio der literarisch gebildeten Herzogin von Tirol, Eleonore von Österreich, gewidmet.

Neben Augsburg, Basel und Straßburg war Ulm die bedeutendste Buchdruckerstadt im süddeutschen Raum und innerhalb der Grenzen des heutigen Baden-Württembergs der erste und bei weitem der wichtigste Druckort im 15. Jahrhundert.

Johannes Zainer war der erste und bedeutendste Buchdrucker in Ulm. Er stammte aus Reutlingen und kam 1472 über Augsburg nach Ulm. Mit dem am 1. Januar 1473 vollendeten „Pestbüchlein" des Ulmer Stadtarztes und Humanisten Heinrich Steinhövel, der alle seine Drucke finanziell förderte, begründete Johannes Zainer den Ulmer Buchdruck.

Das mit 76 kunstvollen Holzschnitten illustrierte Buch „Von den erlauchten Frauen" und die Ausgabe der Aesop-Fabeln sind die bedeutendsten Druckerzeugnisse Zainers.

Zu den kostbaren Ulmer Frühdrucken zählen außerdem die Geographia des Ptolemäus (1482), der erste nördlich der Alpen gedruckte Atlas und das Buch der Weisen von Johannes de Capua (1484) vom Buchdrucker Lienhardt Holl.

Zu Beginn des 16. Jahrhunderts verlor Ulm seine führende Stellung als Druckort und erlangte erst im 17. Jahrhundert wieder überregionale Bedeutung.

Literatur: Amelung 1979 – Schmitt/Appenzeller 1992, S. 11/12

22
Die hl. Klara und der hl. Franziskus von Assisi
Ulm (?), 18. Jh.
Öl auf Leinwand; H. 26 cm, B. 24 cm
Ulmer Museum, Inv. Nr. AV 1905

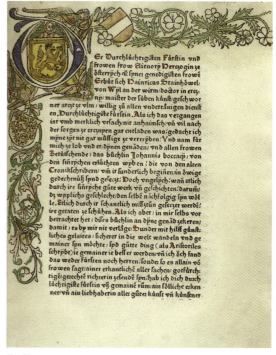

Kat. 21

Das kleine Gemälde zeigt die beiden Ordensheiligen der Klarissen, den hl. Franziskus (1181–1226) und die hl. Klara (1194–1253), dessen erste Jüngerin und Gründerin der „Armen Schwestern", der späteren Klarissen. Klara ist erkennbar an der Monstranz in Händen, die sie dem hl. Franziskus darbietet und mit der sie nach der Legende die heidnischen Sarazenen in die Flucht geschlagen haben soll. Seltener ist das Attribut des vor ihr liegenden Äbtissinnenstabes, der sie als Ordensführerin auszeichnet. Beide Heiligen knien in freier Landschaft unter einem von zwei Putten getragenen Baldachin. Der hl. Franziskus weist mit seiner Linken auf das im Hintergrund zu sehende Kloster Söflingen. Der ursprünglich vor den Toren Ulms, auf dem Grieß, angesiedelte Konvent war die erste Niederlassung der weiblichen Franziskaner nördlich der Alpen. Söflingen zählt zu den bedeutendsten Klarissenklöstern im süddeutschen Raum. 1776 erreichte die Äbtissin Johanna Miller aus Mindelheim sogar die Erhebung zur freien Reichsabtei.

Literatur: Klaiber/Wortmann, S. 638

Kat. 22

Kat. 23

23
Stiftungsurkunde für das Kloster Söflingen
13. Januar 1258
Feder auf Pergament, fünf anhängende Siegel
H. ca. 23,5 cm, B. ca. 33 cm
Staatsarchiv Ludwigsburg, Sign. B 509 U 54

Das auf dem Grieß vor der Stadt Ulm aus einer Beginengemeinschaft hervorgegangene Kloster der Schwestern der hl. Elisabeth, erhielt von der Familie des Hartmann Graf von Dillingen eine umfangreiche Schenkung, die noch vor 1253 die Verlegung des Klarissenkonventes nach Söflingen und den Aufbau des Klosters ermöglichte, das nun den Namen „Kloster im Garten der Heiligen Jungfrau Maria" erhielt. 1258 wurde diese Schenkung von Hartmann von Dillingen und seinen Töchtern Adelheid, Gräfin von Zollern, Williburg, Gräfin von Helfenstein, und Agnes, Gräfin von Hellenstein, mit der hier vorliegenden Urkunde bestätigt.

UUB I, Nr. 80 – WUB 5, Nr. 1472 – Frank 1980 – Diebold 1980 – Klosterbuch 2003, S. 483

24 (ohne Abb.)
Grundriß des Klosters Söflingen welches ao.1818 abgebrochen worden ist.
Ulm, 1. H. 19. Jh.
Feder auf Papier, aquarelliert; H. 39,5 cm, B. 36,5 cm
Stadtarchiv Ulm, F1 XXVIII K 20, L 3, Mappe 2, Nr. 1

Grundriss der Gesamtanlage von Kloster Söflingen

Kat. 25

bis 1818. Nach der Säkularisation 1803 übernahm ein kurbayerischer Kommissar die Verwaltung des Söflinger Herrschaftsgebietes. Die Reichsäbtissin konnte zunächst als Oberin mit den Schwestern als Pensionärinnen im Kloster verbleiben. Als das Kloster 1809 zum Feldlazarett der französischen Truppen umgewandelt wurde, mussten die Schwestern in das ehemalige Dominikanerkloster Obermendlingen bei Laupheim umziehen. Doch bereits 1810, nachdem Söflingen wie Ulm dem Königreich Württemberg zugesprochen worden war, schickte die bayerische Regierung die Schwestern nach Söflingen zurück und entledigte sich damit der Unterhaltspflicht.

Nachdem das Kloster 1814 erneut als Lazarett beansprucht wurde, beschlossen die Schwestern die Auflösung des Konvents. Einige zogen in das Kloster Urspring, andere kehrten ins Elternhaus zurück. Etwa zehn Schwestern lebten als Untermieterinnen im Ort Söflingen. Ihre Hoffnung, einen neuen Konvent in ihrem Kloster zu gründen, erfüllte sich nicht. Stattdessen mussten sie miterleben, wie im Jahr 1818 das Kloster zu großen Teilen abgerissen wurde.

Literatur: Fs Söflingen 1993, S. 18 – Diebold 1980, S. 14–20

25
Modell des Klarissenklosters Söflingen
D. Geiß, Ulm-Söflingen 1991–1993
Sperrholz verputzt und koloriert;
L. 140 cm, B. 130 cm
Privatbesitz D. Geiß, Ulm-Söflingen
Reproduktion

Das Modell im Maßstab 1:100 wurde nach Grundrissen des Staatsarchivs Ludwigsburg nachgebaut und vermittelt eine detaillierte Vorstellung von der Klosteranlage.

Literatur: unpubl.

menheit bebstlichs gewaltes die
die auch auch die regel vnd form
euch von vns geben vnd bestetigt
verhaissen handt von allen andern
regelen formen vnd gelübten von
denen vorgesagt ist. Welche regel
sich also anfacht. Hie fachet an
die Regel der schwestern sat Claren
ordens. Das erst capitel :·:

Alle die der welt vppikeit
abslagen vnd ewern or=
den an sich nemen vnd
halten wellen. Die müssen vnd
gebüret in das gesetz des lebens vn
der zucht zehalten leben in gehor=
sam on eigenschaft vnd in keu=
schait vn vnder der beschliessung

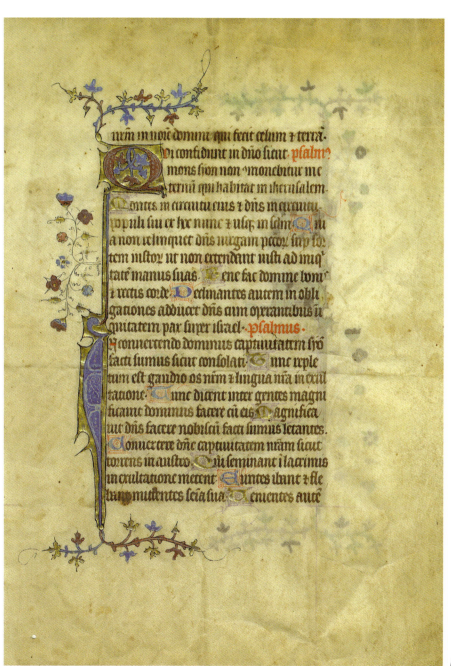

26
Kapitel 1 der Ordensregel der hl. Klara
Söflingen, um 1485
Rote und schwarze Feder, Deckfarben und Gold
auf Pergament; H. 23,5 cm, B. 15,5 cm
Stadtarchiv Ulm, A [783/2], fol. a und b (Kap. 2)

Die beiden erhaltenen Kapitel der in Deutsch verfassten Ordensregel der hl. Klara stammen aus Söflingen und entstanden wahrscheinlich im Skriptorium des dortigen Klarissenklosters. Die Seiten sind aufwendig gestaltet. Der Text wurde sorgfältig mit schwarzer, die Überschriften mit roter Feder geschrieben. Die kunstvollen Initialen sind farbig angelegt. Hauptschmuck der Seiten bilden kunstvolle farbige Blumenranken mit Vögeln in Tempera und Gold, wobei das Ornamentfeld auf der Rückseite (in der Ausstellung nicht gezeigt), aus einem anderen, heute verlorenen Blatt wohl derselben Ordensregel stammen dürfte und nachträglich aufgeklebt wurde. Links in der Mitte der ausgestellten Seite ist der griechische Buchstabe T(au), das Zeichen des Kreuzes, zusehen, das Signet des hl. Franziskus.

Literatur: Fs Söflingen 1993, S. 8 – LThK, Bd. 9, S. 1275

27
Psalm 125 und 126
Söflingen, um 1485
Feder in Tinte, Deckfarben und Gold auf Pergament;
H. 23,5 cm, B. 15,5 cm
Stadtarchiv Ulm, A [783/1], fol. a. und b

Die in Latein verfassten Psalmen stammen aus Kloster Söflingen und dürften wie Kat. Nr. 26 im dortigen Skriptorium ausgeführt worden sein. Der Text ist in schwarzer Tinte geschrieben. Der Beginn eines Psalmes durch ein in Rot geschriebenes „psalmus" und reich in Deckfarben und Gold angelegte Initialen, denen zarte Blütenranken entspringen, markiert. Die Initialen der Versanfänge werden jeweils verziert hervorgehoben. Kat. Nr. 26 und 27 sind seltenes Zeugnis der hochwertigen Produktion des Söflinger Skriptoriums.

Literatur: unpubl.

Kat. 28

28
Sammelhandschrift
Cordula von Reischach und Kristine Keck,
Söflingen, 1485–1493
Papierhandschrift, 388 Blätter; H. 27 cm, B. 18,5 cm
Bayerische Staatsbibliothek München,
Sign. Cgm 6940

Die in schwarzer Feder mit roten Initialen geschriebene Sammelhandschrift beinhaltet Texte von Johann Cassianus, Thomas von Aquin, Albertus Magnus u.a. wichtigen mittelalterlichen Autoren, die im Skriptorium des Söflinger Klarissenklosters von den Klosterschwestern Cordula von Reischach (spätere Äbtissin) und Kristine Keck aus Nürnberg aus dem Lateinischen ins Deutsche übertragen wurden. Stolz haben sie auf fol. 202 v ihre Namen verewigt.

Literatur: Krämer 1989 S. 727 f

29
Handschrift
Elisabeth Münsinger, Söflingen, 1501
Feder auf Papier; H. 32, B. 20 cm
Staatsbibliothek Berlin, Sign. Ms. Germ. 1040

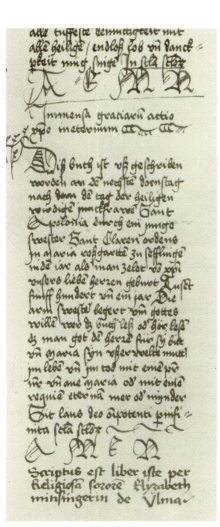

Kat. 29

Diese Handschrift ist ein weiteres Beispiel für die rege Tätigkeit des Söflinger Skriptoriums. Es handelt sich um eine Sammlung verschiedener Texte, darunter eine Abschrift der Legende vom „Mönch von Salzburg".

Mit dem auf der gezeigten Seite lesbaren Hinweis: „Scriptus est liber iste per Religiosa(m) sorore(m) Elysabeth minsingerin de Vlma" beschließt die stolze Schreiberin, die aus Ulm stammende Elisabeth Münsinger, ihr Werk, die Mitglied des Söflinger Klarissenkonvents war. Sie war die Tochter eines Arztehepaares in der Platzgasse.

Literatur: Frank 1980, S. 109

30
Ecclesia militans
Ulm, 1491
Mischtechnik auf Leinwand, auf Spanplatte aufgezogen; H. 130 cm, B. 94 cm
Braith-Mali-Museum Biberach, Inv. Nr. 7215

Das 1904 in Söflingen erworbene Gemälde zeigt links oben die Stigmatisation des hl. Franziskus, rechts die hl. Klara. Ganz klein, in den unteren Ecken knien die Stifterinnen des Bildes, zwei Klarissen, wodurch die Herkunft aus dem Söflinger Klarissenkloster mehr als wahrscheinlich ist.

Dargestellt ist die „Ecclesia militans", Sinnbild der streitbaren Kirche. Sie wird symbolisiert durch das Schiff, das angefüllt ist mit zahlreichen Heiligen, dar-

Kat. 30

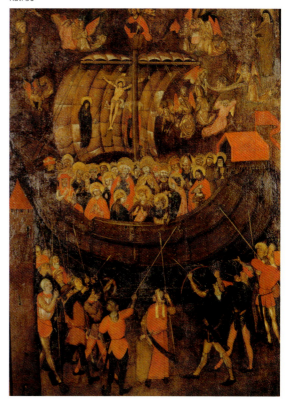

Kat. 31

unter auch – ganz rechts – der hl. Franziskus und die hl. Klara mit Monstranz. Auf dem Segel erscheint der Gekreuzigte zwischen Maria und Johannes. Der auferstandene Christus im Mastkorb hält Wache über das Schiff, das von Ungläubigen mit Waffengewalt angegriffen wird. Sie können ihm aber nichts anhaben. Mehrer Gruppen von Engeln nehmen im Himmel die Seelen der Verstorbenen entgegen.

Dieses allgemeine Sinnbild auf die sich gegen alle Anfeindungen und Angriffe behauptende Kirche, das in dieser Form nicht allzu häufig anzutreffen ist, wird in diesem Fall ordensspezifisch interpretiert. Indem neben Christus und den Engeln auch noch die hl. Klara und Franziskus wachen, und diese ebenso Teil der Gemeinschaft der Heiligen im Corpus des Schiffes sind, wird der wichtige Anteil der weiblichen und männlichen Franziskaner innerhalb der Institution Kirche demonstriert. Das Gemälde ist also nicht nur Allegorie auf die Macht der Kirche, sondern zugleich Selbstdarstellung des Söflinger Klarissenkonvents, die erste Niederlassung der weiblichen Vertreter des Franziskanerordens nördlich der Alpen.

Literatur: Stange 1970, Nr. 665 – Klaiber/Wortmann 1978, S. 636

31
Tischplatte
Schwaben, Ende 15. Jh.
Kirschholz, bemalt; H. 116 cm, B. 116 cm
Österreichisches Museum für angewandte Kunst
Wien, Inv. Nr. H 255
Reproduktion

Derart bemalte Tischplatten aus dem 15. Jahrhundert haben sich nur wenige erhalten. Fast alle kommen aus Süddeutschland. Die hier abgebildete stammt angeblich „aus einem Nonnenkloster in Ulm". Damit kann nur der Klarissenkonvent in Ulm-Söflingen gemeint sein. Für diese Herkunft spricht

Kat. 32 a

auch die relativ seltene Ikonografie. Denn neben verschiedenen Darstellungen ist auch die „Ecclesia militans" dargestellt, die streitbare Kirche in Gestalt eines Schiffes mit zahlreichen Heiligen, das diese zusammen mit Christus vor den Angriffen der Ungläubigen vor Schaden bewahren. Das nicht sehr häufig anzutreffende Thema konnte bereits in anderem Zusammenhang für Söflingen nachgewiesen werden (Kat. Nr. 30). Vielleicht könnte dies als Indiz für eine Provenienz aus dem Söflinger Frauenkloster gewertet werden.

Literatur: MAK, Prestel Museumsführer, Wien, S. 26

32 a
Hl. Birgitta am Schreibpult
Söflingen (?), um 1450/1460 (Abdruck 19. Jh.)
Holzschnitt auf Papier, H. 16,5 cm, B. 13 cm
Stadtarchiv Ulm, F 9, WUK 82

1872 erwarb das Germanische Nationalmuseum in Nürnberg von dem Ulmer Gymnasialprofessor Hassler 63 Holzstöcke, die aus Söflingen stammen

Kat. 32 b

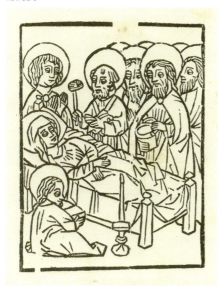

Kat. 33

Kat. 34

sollen. Leider wurden im Zweiten Weltkrieg alle bis auf einen (Kat. Nr. 33) zerstört. Von einigen dieser Stöcke wurden glücklicherweise im 19. Jahrhundert Abdrucke angefertigt, von denen einige im Ulmer Stadtarchiv aufbewahrt werden. Mittelalterliche Exemplare haben sich nicht erhalten.

Es stellt sich prinzipiell die Frage, ob die Holzschnitte im Söflinger Klarissenkloster entstanden sein können oder ob die Druckstöcke erworben wurden, wie es beispielsweise für die Nürnberger Dominikanerinnen nachweisbar ist.

Literatur: unpubl.

32 b
Marientod
Söflingen (?), um 1450/1460 (Abdruck 19. Jh.)
Holzschnitt auf Papier, H. 16 cm, B. 12 cm
Stadtarchiv Ulm, F 9, WUK 82

Vom Holzschnitt des Marientodes existiert noch der originale Holzstock, von dem im 19. Jahrhundert ein Abzug angefertigt wurde (Kat. Nr. 33). Der Marientod zählt zur Reihe der frühen Söflinger Drucke, die um die Mitte des 15. Jahrhunderts entstanden sein dürften.

Literatur: unpubl.

33
Holzstock
Söflingen (?), um 1450/1460
Holz; H. 8,5 cm, B. 6,5 cm, T. 1,7 cm
Germanisches Nationalmuseum Nürnberg,
Inv. Nr. Hst. 5

Das Germanische Nationalmuseum erwarb 1872 vom Ulmer Professor Hassler 63 Holzstöcke aus dem Söflinger Klarissenkloster. Sie stammen aus der 2. Hälfte des 15. und vom Anfang des 16. Jahrhunderts. Der hier gezeigte hat als einziger den Zweiten Weltkrieg überstanden. Er zeigt auf der einen Seite den Tod Mariens, auf der anderen Seite die hl. Dorothea (?). Ob die Druckstöcke im Söflinger Kloster geschnitzt wurden, ist fraglich, kann aber auch nicht ausgeschlossen werden.

Literatur: unpubl.

34
Messkelch mit Patene und Futteral
Michael Mair, Augsburg, Anf. 18. Jh.
Silber, teilvergoldet; H. 27,5 cm
Kath. Kirchengemeinde Ulm-Söflingen

Den wenigen erhaltenen barocken liturgischen Gegenständen aus Kloster Söflingen nach zu schließen, die allesamt von sehr guter künstlerischer Qualität meist in Augsburg hergestellt wurden, muss der um ein Vielfaches größere Kirchenschatz der Klarissen sehr beeindruckend gewesen sein. Schon die geringen, heute noch in Söflingen aufbewahrten Reste, wie dieser Messkelch mit Patene und originalem Futteral, spiegeln die Bedeutung des 1776 zur Freien Reichsabtei erhobenen Konventes in der Barockzeit eindrucksvoll wieder.

Literatur: Pazaurek 1912, Taf. 57/3 – Klaiber/Wortmann 1978, S. 585

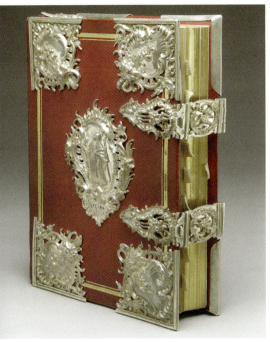

Kat. 35

35
Beschläge und Verschlüsse eines Messbuches
Franz Anton Gutwein, Augsburg, 1768
Silber; Missale von 1889;
H. 37,5 cm, H. 28 cm, T. 7 cm
Kath. Kirchengemeinde Ulm-Söflingen

Die Silberbeschläge stammen vom Messbuch der ersten Reichsäbtissin Johanna Miller und wurden gegen Ende des 19. Jahrhunderts an ein neues Missale montiert. In der zentralen Kartusche auf der Vorderseite des Einbandes ist die hl. Klara mit Monstranz und Äbtissinnenstab dargestellt, darunter eingraviert „S. CLARA V."; auf der Rückseite in einer in derselben Form getriebenen Kartuschenrahmung das Söflinger Wappen mit dem Pelikan; darüber ein geflügelter Puttenkopf, darunter eingraviert: „M. IOANNA ABBATISSA 1768".

Literatur: Klaiber/Wortmann 1978, S. 655 – Ausst. Kat. Schussenried 2003, Nr. V.137

Kat. 36

36
Reliquienkreuz
Caspar Riß (?), Augsburg, um 1700
Silber, teilvergoldet mit farbigem Glas und vier Emailleminiaturen, unter Verwendung älterer Teile (Kreuz 16. Jh., Emailles um 1600); H. 53 cm
Kath. Kirchengemeinde Ulm-Söflingen

An zentraler Stelle des Kreuzes befindet sich eine runde, verglaste Öffnung mit einem Partikel des Kreuzes Christi. Darauf sind inhaltlich auch die kleinen emaillierten Szenen aus der Passion Christi in den Dreipässen an den Enden des Kreuzes abgestimmt: Christus am Ölberg (u.), Kreuztragung Christi (r.), Ecce homo (l.), Kreuzigung Christi (o.).

Literatur: Klaiber/Wortmann 1978, S. 652–654

Kat. 37

37
Pektorale
Ulm oder Augsburg, 1540 und 1729
Kupfer, vergoldet, Silber und farbige Gläser;
H. 12,6 cm
Kath. Kirchengemeinde Ulm-Söflingen

Es dürfte sich um das Brustkreuz (Pektorale) der in den Jahren um 1540 amtierenden Äbtissin Cordula von Reischach handeln, das 1729 auf der Rückseite der Dreipassenden des Kreuzes um silberne Fassungen für Schmucksteine ergänzt wurde. Beide Jahreszahlen sind auf kleine Silbertäfelchen auf der Vorderseite des Kreuzes eingraviert. Rückseitig befindet sich mittig eine kreisrunde Reliquienöffnung. Auf der Vorderseite zieren die Dreipässe der Kreuzenden reliefierte Silbermedaillons mit den Evangelistensymbolen. In der Kreuzesmitte ein wie diese gegossenes plastisches Kruzifix aus Silber. Die Gussformen dieser Teile könnten noch auf das 15. Jahrhundert zurückgehen.

Literatur: Klaiber/Wortmann 1978, S. 656/657

Kat. 38

38
Schreibgerät
Söflingen (?), um 1720
Holz, geschnitzt und gefasst, teilvergoldet;
H. 27,5 cm, B. 38 cm, T. 16,5 cm
Kath. Kirchengemeinde Ulm-Söflingen

Das kunstvolle Schreibzeug gehörte, wie das beigefügte Wappen zeigt, der Söflinger Äbtissin Katharina Hunger. Es ist eine verspielte Mahnung an die Vergänglichkeit, ein sog. Memento mori, wie es in der Barockzeit sehr beliebt war.
Im Totenschädel befindet sich die Tinte, in der von einer Schlange umwundenen Weltkugel der Streusand. Das Gefäß für das eigentliche Schreibzeug besitzt die Gestalt eines Sarkophages, auf dem der Christusknabe scheinbar entspannt ruht. Doch verweisen die beigegebenen Dinge zeichenhaft auf seine Passion.

Literatur: Klaiber/Wortmann 1978, S. 670/671 – Ausst. Kat. Schussenried 2003, Nr. VII.5

Kat. 39

39
Dalmatik
Süddeutsch (Söflingen?), um 1729
Weißer Seidendamast mit sekundär applizierter
Gold-, Silber- und Seidenstickerei;
H. 98 cm, B. 114 cm
Kath. Kirchengemeinde Ulm-Söflingen

Die prunkvolle Dalmatik (Obergewand des Diakons), die zu einem vollständigen Ornat aus der Söflinger Klosterkirche gehört, wurde auf dieselbe Weise wie die anderen zugehörigen Paramente repariert. Gerade in Klosterwerkstätten war es üblich, dass man die Stickereien ausschnitt, wenn das Grundgewebe zerschlissen war, und sie auf einen neuen Stoff übertrug. In leichten Veränderungen und Asymmetrien des Ornaments ist dies meist gut zu erkennen. So auch in diesem Fall.
Unten auf dem sogenannten Stab, dem markierten Mittelteil des Gewandes, befinden sich zwei kleine Wappen: das des Klosters Söflingen mit dem seine Jungen nährenden Pelikan, einem Christussymbol, und das der Äbtissin Katharina Hunger von Rapperswil, die von 1717 bis 1739 dem Kloster vorstand. Die zugehörige Kasel ist 1729 datiert und gibt damit den genauen Zeitpunkt des Erwerbs bzw. der Vollendung des gesamten Ornates an.

Literatur: Klaiber/Wortmann 1978 – Klosterbuch 2003, Nr. V.210

40
GerichtsBiechlein (…)
Söflingen, 1560
Papierhandschrift mit Pergamentumschlag;
H. 19 cm, B. 28 cm
Stadtarchiv Ulm, U 1802

Bei der mit Federzeichnungen versehenen Handschrift von 1560 handelt es sich um eine unter Äbtissin Katharina Schertler neu redigierte und ergänzte Fassung von Gesetzen, Verordnungen für die Forst- und Landwirtschaft und Texten für die Vereidigung der Bediensteten des Klosters. Niedergeschrieben wurde sie in der Schreibstube des Klosters.

Literatur: unpubl.

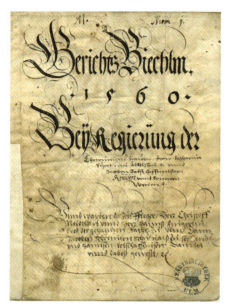

Kat. 40

Kat. 41

41
Vertheidigung der urspringlichen Freyheit und Im(m)edietaet Des (...) Gotteshaus Soeflingen (...)
Söflingen (?), 1772
Papier; H. 30 cm, B. 20 cm
Stadtbibliothek Ulm, Sign. 19021

In diesem Band sind Dokumente zur Klostergeschichte, Urkunden mit kaiserlichen und päpstlichen Privilegien, von den Äbtissinnen erlassene Gesetze und Verordnungen sowie die Briefwechsel mit dem Rat der Reichsstadt Ulm gesammelt und abgedruckt. Dass weder Druckort noch Drucker oder Verleger, wie zur damaligen Zeit eigentlich üblich, angeführt werden, legt den Gedanken nahe, das Buch könne in Klöster Söflingen selbst gedruckt worden sein.

Die Söflinger Dokumentation dürfte für die Klage auf Aufhebung der Ulmer Schirmherrschaft vor dem Reichskammergericht in Wetzlar und dem Reichshofrat in Wien zusammengestellt worden sein. Die Klage wurde von der Äbtissin Johanna Miller aus Mindelheim im Jahr 1770 gegen die Reichsstadt Ulm erhoben. In Folge erlangte das Klarissenkloster 1776 den Status einer freien Reichsabtei.

Literatur: Frank 1980, S. 122–124

42
Schwörakt der Ulmer Stadtgemeinde
Rudolf Ellenrieder, 1823, nach einer Gouache von Jonas Arnolds, um 1650
Kolorierte Radierung; H. 25 cm, B. 30 cm
Stadtarchiv Ulm, F 3, Ans. 640 c

Mittelpunkt des jährlichen Schwörtages war bis 1802 der feierliche Eid, den Rat, Bürgermeister und Stadtgemeinde auf die Ulmer Verfassung, den sogenannten Schwörbrief, auf dem Weinmarkt leisteten. Die hier in einer Radierung des 19. Jahrhunderts wiederholte Gouache Jonas Arnolds dokumentiert nicht nur diesen feierlichen Rechtsakt, sondern auch eine entscheidende gesellschaftliche Veränderung in der Mitte des 17. Jahrhunderts. Damals verbot nämlich ein Ratsbeschluss Frauen und Kindern

Kat. 42

ausdrücklich das Erscheinen bei der traditionellen Schwörfeier. Die Darstellung Arnolds lässt sich genau in diese Zeit datieren: Die Schwörgemeinde besteht nur noch aus Männern. Allerdings lassen einige Frauen am rechten Bildrand vermuten, dass das Verbot nicht widerspruchslos hingenommen wurde. Ganz anders waren die gesellschaftlichen Verhältnisse bei der feierlichen Grundsteinlegung des Münsters 1377, an der Frauen, Männer, Mädchen und Jungen noch gemeinsam teilnahmen, wie die Beschreibung Felix Fabris (um 1488) und Kat. Nr. 2 bezeugen.

Literatur: Jooß 1993, S. 154-158 – Kronenwechsel 2002, Kat. Nr. 29

43
Hl. Katharina von Alexandrien
Oberschwaben, um 1430
Laubholz, rückseitig ausgehöhlt;
Reste alter Fassung; H. 112,5 cm
Staatliche Museen zu Berlin – Preußischer Kulturbesitz, Skulpturensammlung und Museum für Byzantinische Kunst, Inv. Nr. 5921

In einer Episode der Legende der hl. Katharina überzeugte die zum Christentum bekehrte Königstochter 50 heidnische Gelehrte, weshalb die gebildete Heilige u. a. zur Patronin der Schüler, Gelehrten und Universitäten wurde. Auch die Buchdrucker wählten die in der Frühzeit relativ häufig mit dem Buch als

Kat. 43

Attribut dargestellte Katharina zur Schutzpatronin (Torsy 1959). Später hält sie meist Schwert und Rad, die Zeichen ihres Martyriums, seltener das Buch.

Literatur: Demmler 1930, S. 88/89

44 *(ohne Abb.)*
Nennung der Buchdruckerin Barbara Weytin
Ulmer Schuldbuch von 1494/1495, Blatt 86,
Eintrag vom 14. Juli 1494
Feder auf Papier; H. 31,5 cm, B. 23,5 cm, T. 5,5 cm
Stadtarchiv Ulm, A [3959]

In dem Eintrag im Schuldbuch erfahren wir von einer sonst leider unbekannten und nicht näher fassbaren „Barbara Weytin Buchtruckerin". Sie schuldete einem Hanns La(b)tzelter den Geldbetrag von „vierzehen behmisch (Gulden) vnnd vier pfennig."
Aufgrund der bekannten Daten wird angenommen, Barbara Weytin könne eine Tochter des ersten Ulmer Buchdruckers Johannes Zainer d. Ä., verheiratete oder verwitwete Weytin, gewesen sein, die 1494 zusammen mit ihrem Bruder Johannes Zainer d. J. die Druckerei des Vaters wieder aufbaute.

Literatur: Amelung 1976 – Amelung 1979 – Schulz 1998

45 *(ohne Abb.)*
„Disputatio Logica / de / Praedicatio- / nibus, / Quam post divinas suppetias Praeside / M. Johan-Philip- / po Ebelio, Gymnasii / Ulmensis Conrectore, ac Profes- / sore publ. Defensum ibit / Petrus Huberus, Ul- / mensis Philosoph. / Studiosus
Gedruckt bei Ursula Meder (Excusa typis Mederianis, 27. Mai 1623), Ulm, 1623
Papier, 48 Seiten; H. 15 cm, B. 9 cm, T. 4,5 cm
Titelblatt, schwarzer Druck auf Papier
Stadtbibliothek Ulm, Sign. 5430
(eingebunden in 5425–5437)

Bei dieser Disputatio verteidigte Peter Huber (1603–1670) seine Thesen gegen den Vorsitzenden Johann-Philipp Ebel (1592–1627). Ebel war zu dieser Zeit Konrektor des Gymnasium academicum, das 1622 als Ergänzung zur Lateinschule gegründet worden war. Im selben Jahr wurde er noch Rektor. Ursula Meder wird als Druckerin nicht genannt. Es ist lediglich von „Excusa typis Mederianis", d. h. von Medersche Schrifttypen die Rede, woraus auf eine Herstellung in der Medersche Druckerei zu schließen ist. Da jedoch das Datum der Disputation – einen Monat nach dem Tod ihres Ehemannes – festgehalten ist, hatte sie bereits die Leitung übernommen. Ursula Meder waren Pfleger zugeordnet worden, wie dies für Witwen und Minderjährige üblich war. Sie hatten sie nach außen zu vertreten, z. B. bei Erbschaftsangelegenheiten, Hauskauf oder Eingaben beim Rat der Stadt. Ebel war einer von ihnen.

Literatur: Weyermann 1798 – Weyermann 1829

46
Eins Er- / barn Raths der Statt / Ulm reformierte und verbesserte / MüllerOrdnung
Gedruckt bei Ursula Meder
(Gedruckt bey Johann Meders Wittib), Ulm, 1624
Papier, 28 Seiten; H. 27 cm, B. 19 cm, T. 1 cm
Titelblatt, schwarzer Druck auf Papier
Stadtbibliothek Ulm, Sign. 27461

Ursula Meder erhielt als Stadtbuchdruckerin Aufträge wie diesen, den Druck einer Neufassung der

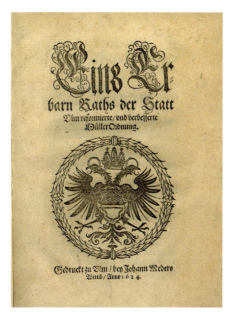

Kat. 46

Kat. 47

Müllerordnung. Als Freie Reichsstadt führte Ulm den doppelköpfigen Reichsadler im Wappen.
Auch hier ist Ursula Meder nicht mit ihrem vollen Namen, sondern als Johann Meders Witwe (Wittib) festgehalten. Diese damals übliche Form hat zur Folge, dass sich die Identität der Druckerin nicht direkt aus dem Titelblatt erschließen lässt.
Friedrich Seck fiel in seiner Abhandlung über Johannes Kepler und den Buchdruck bereits 1971 anhand eines in London nachgewiesenen Exemplars auf, dass die Ulmer Müllerordnung von einer Frau gedruckt wurde.

Literatur: Seck 1971, Spalte 702

47
Tabulae Rudolphinae
Johannes Kepler, gedruckt von Jonas Saur, Ulm, 1627
Papier, 119 Seiten; H. 34 cm, B. 24 cm, T. 4 cm
Kupferstich des Titelblattes in Nürnberg von Georg Colez gestochen („Georg Colez sculpsit Norinberga")
Stadtbibliothek Ulm, Sign. MNV 596

Die Rudolphinischen Tafeln, das Lebenswerk des Astronomen und Mathematikers Johannes Kepler, ist eines der bedeutendsten Bücher aus Ulm. Kepler lieferte in einer Zeit, in der Berechnung und Beobachtung der Planeten zunehmend voneinander abwichen, eine Anleitung zur sehr exakten Vorhersage des Aufenthaltsortes der Planeten.
In dem auf dem Titelblatt dargestellten Tempel sind an den Säulen Astronomen platziert, sowohl die Zeitgenossen Keplers als auch ihre historischen Vorgänger, auf dem Dach die Verkörperungen der Arithmetica, Geometrica, Astronomica und Optica und am Sockel des Tempels links Kepler und rechts der Buchdrucker.
Die Rudolphinischen Tafeln entstanden in der Druckerei von Jonas und Ursula Saur. Sie wurden zwar nicht zu der Zeit gedruckt, als die Witwe Ursula Meder Stadtbuchdruckerin war, doch ohne sie wäre diese Publikation wahrscheinlich nicht in Ulm realisiert worden. Kepler ließ schon bei ihrem ersten Ehemann Johann Meder, den er zuvor versucht hatte, nach Linz zu holen, zwei Bücher drucken. Nach dessen Tod bemühte sich Kepler vergeblich um den Erwerb der Schrifttypen von Ursula Meder. Schließlich kam er mit seinen Unterlagen für die Rudolphinischen Tafeln nach Ulm und arbeitete eng mit dem Setzer zusammen. In acht Monaten war der Druck von 1.000 Exemplaren abgeschlossen.

Literatur: Gerlach/List 1971 – Seck 1971, Sp. 694–705 – Schmitt/Appenzeller 1992 – Hawlitschek 1995

Kat. 49

48 (*ohne Abb.*)
Schutzengel der Teutschen Libertet und Freyheit / so wol im Geist: als Weltlichem Standt Dem Durchleuchtigsten / Großmächtigsten Fürsten und Herrn GUSTAVO ADOLPHO, der Schweden / Gothen und Wenden König (...) / in die labyrintische Form gebracht und dediciert von Jonas Saur
Gedruckt bei Jonas Saur, Ulm, 1632
Einblattdruck auf Papier; H. 65 cm, B. 45 cm
Titelzeilen in Rot und Schwarz
Stadtarchiv Ulm, U 3367

Diese kunstvolle Huldigung an Gustav Adolph von Schweden wurde aus Anlass des Bündnisses, das Ulm 1632 mit dem schwedischen König schloss, gedruckt. Jonas Saur setzte den Text als Labyrinth in Form eines Reiters. Die Realität in Ulm stand in krassem Gegensatz zu diesem zeitgeschichtlichen Dokument. Denn die Stadt erhielt einen schwedischen Stadtkommandanten und litt in der Folgezeit erheblich unter der schwedischen Herrschaft.

Literatur: Specker 1977-1 – Heyden-Rynsch 2002

49
DancksagungsGebett / Wegen gnä- / diger Abwendung der ge- / schwinden Seuche der Pest. Gehalten in den Ulmische / Kirchen an Newen Jahres Ta- / ge, im Jahr 1636
Gedruckt bei Anna Meder (bey Johann Sebastian Meders S. Wittib), Ulm, 1636
Papier, 7 Seiten; H. 15,5 cm, B. 9,5 cm
Titelblatt, schwarzer Druck auf Papier, mit kleinem Kupferstich
Stadtbibliothek Ulm, Sign. 27204

Die Pest kostete viele Menschen das Leben, ganz besonders während der Schrecknisse des 30jährigen Krieges. Ulm überstand zwar nach der verlorenen Nördlinger Schlacht (im Herbst 1634) die Belagerung der Stadt, die auch während des harten Winters weitergeführt wurde. Doch war die Stadt durch Flüchtlinge aus dem Umland dermaßen überfüllt, dass anschließend eine verheerende Pestepidemie ausbrach. 1635 fielen ihr etwa 13.000 Menschen zum Opfer. Auch Anna Meders Ehemann Johann Sebastian starb an der Seuche. Zu Neujahr 1636 war der Lebenswille der Ulmerinnen und Ulmer schon wieder so stark, dass in allen Ulmer Kirchen feierliche Gottesdienste zum Dank für die gnädige Abwendung der Pest abgehalten wurden. In den drei darauffolgenden Wochen wurden 89 Paare getraut.

Literatur: Seiz 1974 – Specker 1977 – Wiegandt 1977

50 (*ohne Abb.*)
Kauf des Anwesens der Merderschen Druckerei durch Anna Meder
Protokoll vom 3. Februar 1637 im Kaufbuch von 1636–1642
Feder auf Papier; H. 32,5 cm, B. 21 cm, T. 12 cm
Stadtarchiv Ulm, A [6635], Kaufbuch 1636–42, S. 42/43

Die Kinder von Johann und Ursula Meder verkauften Anna Meder „ein Hauß, Hoffreitin und Hoflin alhier im Vettergeßlen, der Berendanz genant" wird. Der Text im Kaufbuch ist allerdings viel komplizierter abgefasst, denn alle Beteiligten wurden durch Pfleger vertreten, bzw. Ursula, die älteste der drei Meder-

Geschwister, durch ihren Ehemann, den Notar Hans Caspar Manz. Frauen und Minderjährigen wurden stets zwei Pfleger zugeordnet. Dem Text ist zu entnehmen, dass die Pfleger der einen Partei das Anwesen an die Pfleger der anderen Partei verkauften. Es ist jedoch davon auszugehen, dass die Entscheidung für die Transaktion von den betroffenen Personen gefällt wurde und die Pfleger lediglich zur offiziellen Dokumentierung nötig waren. Anna Meders Pfleger waren ihr Bruder Johann Görlin, Buchbinder und Buchhändler, und M. Johann Sachs († 1639), Professor für Dichtkunst und Mathematik am akademischen Gymnasium.

Das Anwesens lag im damaligen „Vettergeßlin", das nach dem ältesten Ulmer Stadtplan (Stadtarchiv Ulm, F 1 [Stadtpläne], Nr. 3) zwei heutige Gassen umfasst, die Rabengasse und die Kohlgasse. Nach den Berichten über den Druck der Rudolphinischen Tafeln Keplers lag es in der heutigen Rabengasse, Nähe Nördlicher Münsterplatz.

Literatur: Weyermann 1829 – Gerlach/List 1971 – Schmitt/ Appenzeller 1992 – Hawlitschek 1995

51
Itinerarium / Hispaniae / Oder / Raißbeschrei- / bung durch die König- / reich Hispanien und Port- / ugall (…)
Martin Zeller, gedruckt bei Anna Meder (In der Mederischen Truckerey), Ulm, 1637
Papier, 490 Seiten; H. 16 cm, B. 10 cm, T. 5 cm
Auf dem Titelblatt anonymer Kupferstich mit Abbildung des Escorial
Stadtbibliothek Ulm, Sign. Smr 2158

Dieser Titel fällt aus dem Rahmen der Drucke Anna Meders, die durch Krieg und Pest gezeichnet sind. Noch während des 30jährigen Krieges brachte der Ulmer Verfasser Martin Zeller (1589 – 1661) die erste einer umfangreichen Folge von Reisebeschreibungen heraus. Das Buch wurde von Wolfgang Endter in Nürnberg verlegt, während seine späteren Werke von Balthasar Kühn in Ulm gedruckt und auch verlegt wurden.

Literatur: Weyermann 1798 – Specker 1977-1

Kat. 51

52 (ohne Abb.)
Rahels glückseliger Geburts-Todt. / Das ist eine christliche Leichpredigt (…) / bey volckreicher Leichbe- / gängnus, der weiland Viel- / Ehren- und Tugendsamen / Frawen Anna Görlerin, / Deß (…) Balthasar Kühnen (…) geliebten Haußfrawen (…)
Johann Eberken, gedruckt bei Balthasar Kühn, Ulm, 1649
Papier, 31 Seiten; H. 21 cm, B. 15 cm
Titelblatt, schwarzer Druck auf Papier
Stadtarchiv Ulm, G 2, Görlin, Anna

Kat. 53

Leichenpredigten enthalten häufig wichtige Lebensdaten, gelegentlich auch sehr lebendige Schilderungen zu der verstorbenen Person und ihrem Umfeld. Von Anna Görlin wird über ihre Herkunft berichtet und dass sie in der Schule Lesen und Schreiben lernte. Sie war zweimal Witwe, bevor sie Balthasar Kühn heiratete. Bei der Geburt des sechsten Kindes starb sie. Auch wird Festgehalten, dass Balthasar Kühn „an ihr eine gute Haußhalterin und eine erwündschte Buchladen-Wärterin verlohren hat."
Vom Tod seiner Frau erfuhr Balthasar Kühn auf der Messe: „(…) dann er anfangs gute und hocherfreuliche Zeitung bekommen / daß Gott sein liebe Hausfrawen jhrer Weiblichen Bürden / wol und glücklich entbunden / und jhme mit einer jungen Tochter gesegnet habe: deßwegen er jhme auch die Gute Hoffnung wird gemacht haben / er wolle Mutter und Kind / noch bey Leben / frisch und gesund antreffen (…). Dannenhero leichtlich zuermessen / dass mehrgedachter Herr Balthasar Kühne / welcher vor etlich Wochen / in die Frankfurter Meß gezogen / über die massen werde betrübt und traurig seyn / wann jhme / die so leydige Jobs-Botschaft kommen wird / dass jhme Gott seine Hertzgeliebte Hausfrawen / hinweg genommen habe durch den zeitlichen / unverhofften Todt."
Der Münsterprediger Eberken kannte das Arbeitsfeld Anna Kühns aus eigener Erfahrung. Er war Sohn eines Buchbinders und Buchhändlers.

Literatur: Weyermann 1798 – Schmitt/Appenzeller 1992, Kat. Nr. 93

53
Catechismus-Hand / Das ist: / Ordentliche, einfältige und Schriftmäs- / sige Erklärung / Des kleinen Ca- / techismi D. Martin Luthers, der / Sechs Hauptstukken, der Haußtafel, des Un- / derrichts für die Communicanten, und der / Kindergebetlein (Teil 1–3)
Bonifacius Stöltzlin
Stadtbibliothek Ulm, Sign. Sch 1988 und Smr 89 (alle 3 Bände)

Erster Theil: Gedruckt und verlegt durch Balthasar Kühn(en), bestellten Buchdrukkern und Händlern, Ulm, 1666
Papier, 1262 Seiten; H. 20 cm, B. 16 cm, T. 8 cm
Kupferstich des Titelblattes mit Catechismus-Hand, anonym; Frontispiz: Verfasserporträt, bez. H.J.G. sc (Johann Georg Bodenehr, Augsburg, sculpsit)

II. Theil: Des III. IV. V. und VI. Hauptstuks
Verlegt durch Anna Kühn (In Verlegung Anna Kühnin, Buchhändlerin), Ulm, 1669
Papier, 1210 Seiten; H. 20 cm, B. 16 cm, T. 8 cm

III. Theil: (…) Erklärung / (…) für junge und ein- / faltige Leut, die zum Tisch deß Herrn / gehen wollen (…)
Verlegt durch Anna Kühn (In Verlegung Anna Kühnin, Buchhändlerin), Ulm, 1672
Papier, 820 Seiten; H. 20 cm, B. 16 cm, T. 6 cm

Der Verfasser stellte die Gliederung seines umfangreichen Werkes in origineller Weise bildlich als Teile einer Hand dar und drückte dies auch im Titel aus: Catechismus-Hand.

Der erste Band, der die ersten beiden der „Sechs Hauptstukken" enthält, wurde laut Titelblatt von Balthasar Kühn gedruckt und verlegt, während beim zweiten und dritten Band seine Witwe Anna Kühn auf dem Titelblatt als diejenige benannt ist, die das Werk verlegte. Balthasar Kühn war an Gicht erkrankt und wurde jahrelang von seiner Frau gepflegt. So ist es unwahrscheinlich, dass er im Jahr 1666, ein Jahr vor seinem Tod, dieses Werk noch selbst verlegen konnte. Anna Kühn hat also vermutlich die Verlegung des gesamten Werkes besorgt. Es ist bemerkenswert, dass sie bei Teil 2 und 3 namentlich genannt wird, nicht nur indirekt als Witwe des Balthasar Kühn, wie dies üblich war. Hervorzuheben ist auch, dass sie ausdrücklich als Buchhändlerin bezeichnet wird.

Literatur: Weyermann 1798 – Schmitt/Appenzeller 1992, Kat. Nr. 341

54
Sanftes und ruhiges Alter. / Oder / Die under den Beschwerden / Deß Alters verborgene Gutthaten / Gottes.
Bonifacius Stöltzlin, verlegt von Anna Kühn (In Verlegung Balthasar Kühnen Seel. Witwe), Ulm, 1670
Papier, 579 Seiten; H. 14 cm, B. 8,5 cm, T. 5 cm
Kupferstich des Titelblattes mit den Fünf Stufen des Alters, S. Hipschmann scul. (Sigmund Gabriel Hipschmann, Nürnberg, sculpsit)
Stadtbibliothek Ulm, Sign. Sch 3673 (Smr 751 ist abgeschnitten)

Kat. 54

Bonifacius Stöltzlin (1603–1677), Pfarrer in Kuchheim, das im Herrschaftsbereich der Stadt Ulm lag, verfasste eine große Zahl theologischer Schriften. Im hier vorliegenden Buch wendet er sich nicht nur an alte Menschen, denen er Mut macht, sie aber auch ermahnt und an den Tod erinnert. Er ermahnt auch die Jungen, alte Menschen nicht zu verachten und in der Jugend nicht zu leichtsinnig zu handeln, sondern auch an das eigene Alter zu denken.

Literatur: Weyermann 1798 – Schmitt/Appenzeller 1992, Kat. Nr. 370

Kat. 55

55
Deß / Heil. Römis. Reichs / Und / Desselben angehörigen Ständen / Deß Löblichen / Schwäbischen Kraiß / Einhellige Verfassung (…) / Verfertigt zu Ulm, Anno 1563. / Anjetzo aber, wegen Abgang der Exemplarien, / wieder hervor gegeben (…)
Verlegt von Anna Kühn (In Verlegung Balthasar Kühnen S. Wittib), Ulm, 1676
Papier, 120 Seiten; H. 20 cm, B. 16,5 cm, T. 5,5 cm
Stadtbibliothek Ulm, Sign. Smr 1662
(eingebunden in 1660–1666)

Im Schwäbischen Kreis waren 98 Staatswesen zusammengefasst, darunter 31 Freie Reichsstädte, das Herzogtum Württemberg, die Markgrafschaft Baden und die Besitztümer der Bischöfe von Konstanz, Chur und Augsburg. Es wurde regelmäßig in der Freien Reichsstadt Ulm getagt, seit 1648 jährlich für mindestens einen Monat.
So liegt es nahe, dass seine Veröffentlichungen in Ulm gedruckt wurden. Für die Ulmer Buchhandlungen und die Läden der Druckereien sorgten die Kreisvertreter sicherlich für eine Belebung des Geschäfts.

Literatur: Specker 1977-1 – Schmitt/Appenzeller 1992, Kat. Nr. 403

56
Traur- / Schau-Bühne / Der / Durchleuchtigen / MAENNER / unserer Zeit. / Auff welcher der Fall der Grossen Herren / lebendig vor Augen gestellet wird (…)
Johann Merck (auß der Niederländischen in die Hochteutsche Sprach gebracht), Verfasser anonym, verlegt von Dorothea Görlin (In Verlegung Johann Görlins Buchhandlers Seel. Wittib), Ulm, 1665
Papier, 944 Seiten; H. 18 cm, B. 11 cm, T. 6,5 cm
Kupferstich des Titelblattes bez. L (?) Renner fec (it)
Stadtbibliothek Ulm, Sign. Smr 2124

Die Veröffentlichung dieses Werkes lag Dorothea Görlin offensichtlich sehr am Herzen. Sie schrieb persönlich die Widmung (Dedicatio), die sie an zwei angesehene Ulmer Kaufleute richtete. Die beiden erwählte sie zu ihren Patronen und Beschirmern und begründete dies damit, dass sie einen „Parteylichen Missgönner" vermutete, der sie wegen der Herausgabe des „sehr nutzlichen Werkleins" tadeln könne. Das Buch hinterfragt die Verehrung tapferer Helden und großer Herren in den üblichen „Historien". Dabei lässt sie nicht unerwähnt, dass sie sich selbst in den Historien umgesehen hat. An 48 Beispielen des 17. Jahrhunderts (u.a. Wallenstein) wird gezeigt, wie unmoralischer Lebenswandel in Schande, Spott und auch im Tod enden kann.
Der Übersetzer Johann Merck († 1669), Ingenieur und Architekt, war Herrschaftsschreiber in Ulm. Im Vorwort bezieht er sich allegorisch auf Adler und Schildkröte, die links oben auf dem Titelkupferstich

dargestellt sind: Vielen ergehe es wie der Schildkröte, die von einem Adler hoch in die Lüfte „geführet" werde, „damit er sie desto tieffer fallen und zerbrechen lasse."

Literatur: Weyermann 1798 und 1829

57
Wund-Artzneyisches / Zeug-Hauß (…)
Johannes Scultetus (D. Joannis Scvlteti, Weiland hochberühmten Medici und vortrefflichen Chirirgi zu Ulm), gedruckt bei Johann Görlin d. J., Frankfurt am Main, verlegt von Dorothea Görlin (In Verlegung Johann Gerlins Seel. Wittib), Ulm, 1666
Papier, 238 Seiten; H. 21 cm, B. 17 cm, T. 5 cm
Tafel 29 mit Kupferstich: Jonas Arnold dein.

Der komplette Titel lässt die komplizierte Entstehungsgeschichte des Werkes erahnen:
Der gebürtige Ulmer Johannes Scultetus d. Ä (1595–1645) hatte in Padua studiert und war vermutlich der erste akademisch ausgebildete Chirurg Deutschlands. Bader und Wundärzte waren damals hierzulande chirurgisch tätig, sie hatten nicht studiert.
Scultetus erarbeitete ein Lehrbuch der Chirurgie in lateinischer Sprache, das für Medizinstudenten und angehende Wundärzte konzipiert war. Doch erlebte er die Veröffentlichung nicht mehr, weil er überraschend an einem Schlaganfall starb. Sein Neffe Johannes Scultetus d. J., Stadtphysikus in Ulm wie zuvor sein Onkel, brachte die Originalfassung 1655 heraus, gedruckt bei Balthasar Kühn. Anschließend überarbeitete und ergänzte er das Werk und plante eine deutsche Übersetzung. Doch auch er starb vor der Veröffentlichung – in Ausübung seines Berufs an Fleckfieber. Seinem letzten Willen entsprechend besorgte sein Freund, der Heidenheimer Stadtarzt Megerlin, die Übersetzung.
Im Jahr 1666 konnte Dorothea Görlin auf der Frankfurter Buchmesse beide Ausgaben anbieten, die hier vorliegende erste deutsche und außerdem die überarbeitete lateinische Ausgabe. Dieses Lehrbuch erschien im 17. Jahrhundert viermal in Deutschland und dreizehnmal im europäischen Ausland. Dabei

Kat. 56

handelte es sich sowohl um die beiden lateinischen Ausgaben als auch um Übersetzungen in die holländische, französische und englische Sprache.

Literatur: Seiz 1974 – Schmitt/Appenzeller 1992, Kat. Nr. 184

58 (Abb. S. 50)
Summarische, jedoch Text- und / Schrifftmäßige / Ausführung / Der / Sonn- Fest- und / Feiertäglichen Evangelien
Elias Veiel, verlegt von Dorothea Görlin
(In Verlegung Johann Gerlins S. Wittib), Ulm, 1673
Papier, 618 u. 318 Seiten;
H. 25 cm, B. 20 cm, T. 8 cm

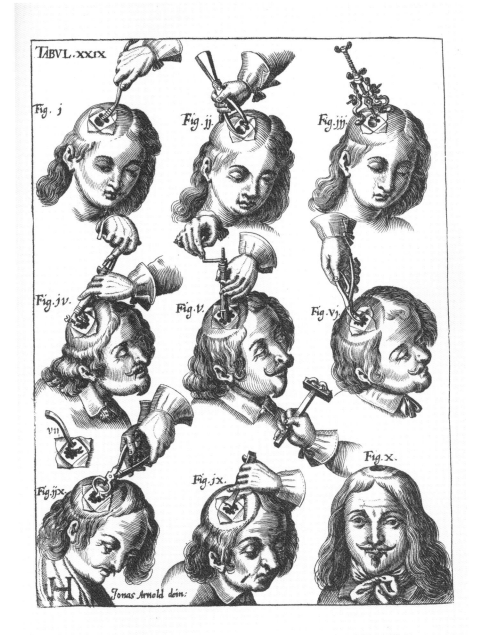

Kupferstich des Titelblattes: Christus mit den vier Evangelisten; bez. G. And. Wolfgang s. (Georg Andreas Wolfgang, Augsburg, sculpsit)
Stadtbibliothek Ulm, Sign. Smr 67 und 5208

Diese Predigt-Sammlung geht zunächst durch alle Sonntage des Kirchenjahres (618 S.) und widmet sich anschließend besonderen Fest- und Feiertagen (318 S.). Ihr Verfasser Elias Veiel (1635–1706) war als Kind von Dorothea und Johann Görlin adoptiert worden. Als weit über Ulm hinaus bekannter Professor der Theologie verfasste er eine große Zahl von Schriften. In Ulm hatte er die Stellung des Superintendenten und des Direktors am Gymnasium inne. Er erhielt Rufe an die Universitäten von Wittenberg und Jena, die er jedoch ausschlug.

Literatur: Weyermann 1798 – Specker 1977-1 – Schmitt/Appenzeller 1992

59
Stiftungen der Maria Margaretha Görlin an das Ulmer Waisenhaus
Stiftungsbuch des Ulmer Funden- und Waisenhauses (Kat. Nr. 17)
Eintrag vom 24. Juni 1690
Abbildung Blatt 86r; Tinte und Tempera auf eingeklebtem Pergament; H. 29,5 cm, B. 18 cm
Ulmer Museum, Inv. Nr. 1924.5273

Im Alter von 65 Jahren, sechs Jahre vor ihrem Tod, vermachte Maria Margaretha Görlin testamentarisch dem Ulmer Waisenhaus zwei Geldbeträge zu je 100 Gulden. Der eine Betrag scheint dem Gedenken an ihre Schwiegermutter Dorothea Görlin gewidmet gewesen zu sein, wenn es heißt: „(…) zu freywilliger Vollstreckung ihrer lieben Schwieger seel. Dorothea (…)." Hinter dem zweiten steht eindeutig sie selbst. Denn sie verfügte, dass der jährliche Zins den Kindern „auf S. Margarethae Tag" zugute kommen und „in der Kinder so genannten Sparhafen gelegt" werden solle. Dabei legte sie ausdrücklich fest, dass dieser zweite Betrag ausschließlich Bürgerkindern zugute komme.
Johann Wolfgang Bäuerlein beauftragte sie mit der Abwicklung der Spende, „dass alles von ihrem gesetzten Erben Johann Wolf Beurlen, Buchhändlern allhie in behörigen Gang und Wesen gebracht und eingerichtet werden solle." Vermutlich setzte sie ihn auch zum Erben ihrer Buchhandlung ein.
Auf der Abbildung ist links das in Ulm wohlbekannte Görlin'sche Wappen zu sehen, rechts das väterliche Wappen der Maria Margaretha, geb. Böbinger.

Literatur: unpubl.

60 (ohne Abb.)
Zeugnis zum Abschied des Hans Conrad Wohler aus der Buchhandlung Görlin
Ausgestellt am 15. März 1694 von Maria Margaretha Görlin, Ulm (19. Jh.?)
Feder auf Pergament; H. 38,5 cm, B. 50 cm
Stadtarchiv Ulm, F 11 Meister- und Lehrbriefe: Buchhändler

Maria Margaretha Görlin stellte 1694 Hanns Conrad Wohler, dem Begründer der Wohler'schen Buchhandlung, dieses Zeugnis aus. Sie bescheinigte ihm darin, dass er sieben Jahre lang bei ihr den Buchhandel erlernt und danach noch ein Jahr bei ihr als Diener (Geselle) zugebracht habe. Sie hätte ihn gerne noch länger in ihren Diensten behalten. Doch er habe um seinen Abschied gebeten, um sich in der Fremde zu versuchen.
Das vorliegende Dokument entspricht in einigen formalen Punkten nicht den Gepflogenheiten der Zeit um 1700, weshalb es nicht als Original, sondern als nachträgliche Fassung anzusprechen ist. Inhaltlich stimmt es jedoch in allen genannten Fakten mit den Lebensdaten von Maria Margaretha Görlin und Johann Conrad Wohler überein.

Literatur: unpubl.

61
Pes mechanicus / artificialis, / Oder / Neu-erfundener / Maß-Stab (…)
Michael Scheffelt (Text, Verlag), gedruckt bei Dorothea Wagner (Gedruckt und zu finden bey Matthaei Wagners Sel. Wittwe), Ulm, 1699
Papier, 184 Seiten mit zehn Tafeln;
H. 20,5 cm, B. 16,5 cm, T. 3,5 cm

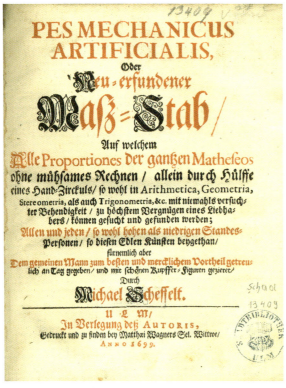

Kat. 61

Kupferstich des Titelblattes: G: Karsch fc
(Gabriel Karsch fecit)
Stadtbibliothek Ulm, Sign. 13409

Michael Scheffelt (1652–1720), gebürtiger Ulmer, lernte im Handelsbetrieb seines Vaters und in Nürnberg, unternahm mehrere Reisen und kam 1675 nach Ulm zurück. Wegen seines Interesses an Mathematik lernte er nun bei dem Constabler (Geschützmeister) und Feuerwerker Ernst Ludwig Kostenbader, der „in der Geometrie wohl erfahren" war. Ab 1710 hielt er am Ulmer Gymnasium Vorlesungen in Arithmetik und Geometrie.

Die Logarithmen waren Anfang des 17. Jahrhunderts entdeckt und von Kepler bereits angewandt worden. In der Folgezeit gab es verschiedene Vorschläge für Vorläufer des Rechenschiebers. Scheffelt benutzt hier eine einzige logarithmische Skala und schlägt vor, Multiplikationen so auszuführen, dass der Multiplikator mit einem Zirkel abgetragen und zur ersten Strecke addiert wird. Ähnlich wie bei modernen Rechenschiebern benutzt er außerdem Skalen für x2, x3, Sinus und Tangens. Als Voraussetzung für die Anwendung seiner Skalen unterteilte er die Einheit Zoll im Dezimalsystem.

Literatur: Weyermann 1798 – Weyermann 1829 – Schmitt 1984

62 (ohne Abb.)
Aufsteigende / Herzens-Seufftzer / zu Gott in Himmel / (…) Christliche Gebette / und Gesänge / um Beystand und Errettung (…)
Handschriftlich ergänzt: „von Schulmeister Kammerer verfasst", gedruckt bei Dorothea Wagner (Bey Matthaei Wagners Sel. Wittwe, Ulm, 1700
Papier, 48 Seiten; H. 16 cm, B. 9,5 cm, T. 0,74 cm
Stadtbibliothek Ulm, Sign. 30358

Von Dorothea Wagners Sohn Christian Ulrich Wagner I. (1686–1763) wurde handschriftlich die folgende Bemerkung eingetragen: „Anno 1700 Ist dieses Gebet-Büchlein in der Wagnerischen Buchdruckerey gedruckt und hat der Wittwe Viel gute Stücklein Brodt gegeben. Der Schulmeister im Waysenhaus, Kammerer, hat solches meistens zusammen getragen, und ist von der Bürgerschaft und vielen frommen Hertzen fleißig daraus gebetet worden."
Dieses Büchlein ist offensichtlich ein Beispiel für die religiösen Kleinschriften, die Dorothea Wagner in hoher Auflage druckte, um damit ihre Druckerei ohne Risiko auszulasten.

Literatur: Schmitt 1984

Aº 1690 den 16. April hat Weyl: fr: frau Maria
Margaretha, Herrn Daniel Gerlini Buchbinders alhie seel.
hinderl: ehe Wittib eine geborne Junckerin von Franckfurt
am Mayn in ihrem alhier gerichten Testament in das
Sode Wasen oder Sündenhauß alhie zu Ulm verschafft
ein Capital à ƒ 100 zu trey maliger Vollstreckung ihres
lieben Schrieder Seel. vorschen verwicht und verhus, auch
gesetzten Buchhändlers Wittib, dahin zu erstatten, daß nemlich une das Jahr Intereß besagten Capitals alle Jahr
auf S: Johannis Baptista Tag denen armen Kindern
eine Ehrsat eingeshart werde.

Item verschafft die obenmeldte Testiererin für sich zu
erwehnt gehr: Hauß wider ein Capital à ƒ 100 von welchg
aber der Jahrzins, Sv: jeder zeit ins Jahr auf S. Margretha
Tag in der Kinder Schul unter den Knaben gelegt, und dag
alles von ihren der gezeichten zu gebst eingeln Erben Johannes und
Beurlen Buchhändlern auch in vorigen gang und richtig
gebracht und eingerichtet werden solle. s. nemlich denen
Ausburgerdern, 8 guld. die gelhat aber unter ihnen

Literaturverzeichnis

Amelung 1976
Peter Amelung: Der Ulmer Buchdruck im 15. Jahrhundert. Quellenlage und Forschungsstand. In: Villes d´imprimerie et moulins à papier du XIVe au XVIe siècle. Aspects économiques et sociaux. Bruxelles 1976, S. 25–38

Amelung 1979
Peter Amelung: Der Frühdruck im deutschen Südwesten 1473–1500, Bd. 1. Ulm. Stuttgart 1979

Anton Aubele: Die Geschichte Pfuhls von den Anfängen bis 1945. In: Pfuhl 1244–1994. Ulm 1994, S. 40–50

Ausst. Kat. Marburg 1981
Sankt Elisabeth. Fürstin, Dienerin, Heilige. Ausstellung zum 750. Todestag der hl. Elisabeth im Landgrafenschloss und in der Elisabethkirche Marburg, 19. November 1981 bis 6. Januar 1982. Sigmaringen 1981

Ausst. Kat. Schussenried 2003
Alte Klöster – Neue Herren. Die Säkularisation im deutschen Südwesten 1803. Große Landesausstellung Baden-Württemberg 2003 in Bad Schussenried, 12. April bis 5. Oktober 2003. Ostfildern 2003

Ausst. Kat. Ulm 2002
Michel Erhart und Jörg Syrlin d. Ä. Ausstellung im Ulmer Museum, 8. September bis 17. November 2002. Stuttgart 2000

Buchner 1953
Ernst Buchner: Das deutsche Bildnis der Spätgotik und der frühen Dürerzeit. Berlin 1953

Beck 1985
Gertrud Beck: Barbara Kluntz. Ulmer Museum. Das Kunstwerk des Monats, November 1985. Ulm 1985

Hans Biedermann: Knaurs Lexikon der Symbole. München 1985

Theodor Birt: Die Buchrolle in der Kunst. Leipzig 1907

Blessinger 1913
Karl Blessinger: Studien zur Ulmer Musikgeschichte im 17. Jahrhundert 19, 1913, S. 3–76

Bodarwé 1994
Katrinette Bodarwé: Das Haus in der städtischen Ökonomie. In: Kuhn 1994, S. 42–49

Bernd Breitenbuch: Die Inkunabeln der Stadtbibliothek Ulm. Weißenhorn 1987

Classen 2000
Albrecht Classen: Frauen als Buchdruckerinnen im deutschen Sprachraum des 16. und 17. Jahrhunderts. In: Gutenberg-Jahrbuch 75, 2000, S. 181–195

Classen 2001
Albrecht Classen: Frauen im Buchdruckergewerbe des 17. Jahrhunderts. In: Gutenberg- Jahrbuch /6, 2001, S. 220–236

Demmler 1930
Theodor Demmler: Staatliche Museen zu Berlin. Die Bildwerke des Deutschen Museums, Bd. 3. Die Bildwerke in Holz, Stein und Ton. Großplastik. Berlin/Leipzig 1930

Diebold 1980
Eugen Diebold (Hg.): Söflingen, Geschichte und Geschichten. Ulm 1980

Duby/Perrot 1993
Georges Duby / Michelle Perrot (Hg.): Die Geschichte der Frauen, Bd. 2. Mittelalter. Frankfurt 1993

Kasper Elm: Die Stellung der Frau im Ordenswesen. Semireligiosum und Häresie zur Zeit der hl. Elisabeth. In: Ausst. Kat. Marburg 1981

Ersingen. Geschichte, Land, Leute, Brauchtum. Ulm 1994

Ulla Feiste/Anne-Marie Hanke: Roswitha von Gandersheim. Gandersheim 2001

Hubert Fink: Das bürgerliche Söflingen seit 1803. In: Diebold 1980

Fleischhauer 1977
Werner Fleischhauer: Stammbuchbilder des 17. Jahrhunderts zur Gründungsgeschichte des Münsters. In: Fs Ulm 1977, S. 86–100

Sally Fox: Medival Women. New York 1975

Frank 1980
Karl Suso Frank: Das Klarissenkloster in Söflingen. Ulm 1980

Fs Söflingen 1993
Festschrift zum Jubiläum 300 Jahre Kirche St. Mariä Himmelfahrt in Ulm-Söflingen 1693–1993. Ulm 1993

Fs Ulm 1977
600 Jahre Ulmer Münster. Festschrift (Forschungen zur Geschichte der Stadt Ulm 19). Ulm 1977

Gerlach/List 1971
Walther Gerlach / Martha List: Johannes Kepler, 1571 Weil der Stadt – 1630 Regensburg. Dokumente zu Lebenszeit und Lebenswerk. München 1971

Karin Graf: Bildnisse schreibender Frauen im Mittelalter, 9. bis Anfang 13. Jahrhundert. Basel 2002

Greiner 1907
Johannes Greiner: Geschichte des Ulmer Spitals im Mittelalter. In: Württembergische Vierteljahreshefte N.F. 16, 1907, S. 78–159

Greiner 1925
Hans Greiner: Aus der 600jährigen Vergangenheit der Sammlung in Ulm. Ein Beitrag zur Kirchen- und Kulturgeschichte der Stadt. In: Mitteilungen des Vereins für Kunst und Altertum in Ulm und Oberschwaben 24, 1925, S. 76–112

Grundmann 1961
Herbert Grundmann: Religiöse Bewegungen im Mittelalter. Darmstadt 1961

Haid 1786
Johann Herkules Haid: Ulm mit seinem Gebiete. Ulm 1786

Hammes 1989
Manfred Hammes: Hexenwahn und Hexenprozesse. Frankfurt 1989

Konrad Hassler: Ulms Buchdruckerkunst. Ulm 1840

Hassler 1909
Felix Fabri: Tractatus de Civitate Ulmensi. Übersetzt von Konrad D. Hassler. Stuttgart 1909

Hawlitschek 1995
Kurt Hawlitschek: Johann Faulhaber 1580–1635. Ulm 1995

Heyden-Rynsch 2002
Verena von der Heyden-Rynsch: Christina von Schweden. Die rätselhafte Monarchin. München 2002

Hufton 2002
Olwen Hufton: Frauenleben. Eine europäische Geschichte 1500–1800. Frankfurt am Main 2002

Jasbar/Treu 1981
Gerald Jasbar/Erwin Treu: Bildhauerei und Malerei vom 13. Jahrhundert bis 1600 (Kataloge des Ulmer Museums 1). Ulm 1981

Jooß 1993
Rainer Jooß: Schwören und Schwörtage in süddeutschen Reichsstädten. Realien, Bilder, Rituale. In: Anzeiger des Germanischen Nationalmuseums 1993, S. 153-168

King 1998
Margret King: Frauen in der Renaissance. München 1998

Kirchenführer Ersingen 1983
Evang. Franziskuskirche Ersingen. Ersingen 1983

Kirchenführer Ersingen 1994
Evangelische Franziskuskirche Ersingen. Ersingen 1994

Klaiber/Wortmann 1978
Hans Klaiber / Reinhard Wortmann: Die Kunstdenkmäler des ehemaligen Oberamtes Ulm ohne die Gemarkung Ulm (Die Kunstdenkmäler in Baden-Württemberg). Ulm 1978

Klosterbuch 2003
Württembergisches Klosterbuch. Klöster, Stifte und Ordensgemeinschaften von den Anfängen bis in die Gegenwart. Ostfildern 2003

Ursula Koch: Holzschnitte der Ulmer Äsop-Ausgabe des Johann Zainer. Dresden 1961

Krämer 1989
Sigrid Krämer: Handschriftenerbe des deutschen Mittelalters, 3 Bde. München 1989/1990

Kronenwechsel 2002
Das Ende reichsstädtischer Freiheit 1802. Zum Übergang schwäbischer Reichsstädte vom Kaiser zum Landesherrn. Begleitband zur Ausstellung „Kronenwechsel" (Forschungen zur Geschichte der Stadt Ulm 12). Ulm 2002

Annette Kuhn (Hg.): Die Chronik der Frauen. Dortmund 1992

Kuhn 1994
Annette Kuhn (Hg.): Stadt der Frauen. Szenarien aus spätmittelalterlicher Geschichte und zeitgenössischer Kunst. Dortmund/Zürich 1994

Hans-Jörg Künast: „Getruckt zu Augspurg". Buchdruck und Buchhandel in Augsburg zwischen 1468 und 1555. Tübingen 1997

Kurz 1929
Eugen Kurz: Das Funden- und Waisenhaus der Reichsstadt Ulm. In: Mitteilungen des Vereins für Kunst und Altertum in Ulm und Oberschwaben 26, 1929, S. 24–31

Vicki Leon: Uppity Women of Shakespearean Times. New York 1999

LThK
Lexikon für Theologie und Kirche, 11 Bde. Dritte völlig neubearb. Aufl. Freiburg/Basel/Rom/Wien 1991-2001

MAK 1995
MAK. Österreichisches Museum für angewandte Kunst Wien (Prestel-Museumsführer). München/New York 1995

Matuszewski 1994
Nina Matuszewski: Magie, Zauberei und Hexenglaube. In: Kuhn 1994, S. 182–193

Meine 1982
Karl-Heinz Meine: Die Ulmer Geographia des Ptolemäus von 1482. Weißenhorn 1982

Max Miller: Die Söflinger Briefe und das Klarissenkloster Söflingen bei Ulm a. D. im Spätmittelalter. Würzburg-Aumühle 1940

Münch 1994
Ursula Münch: Stadtluft macht frei? In: Kuhn 1994, S. 102-106

Oberamtsbeschreibung 1897
Beschreibung des Oberamts Ulm, Bd. 2. Stuttgart 1897

Opitz 1993
Claudia Opitz: Frauenalltag im Mittelalter 1250–1500. In: Duby/Perrot 1993, S. 283–339

Paisey 1994
David Paisey: Catalogue of Books printed in the German-Speaking Countries and of German Books printed in other Countries from 1601 to 1700 now in the British Library, 5 Bde. London 1994

Pazaurek 1912
Gustav E. Pazaurek: Alte Goldschmiedearbeiten aus schwäbischen Kirchen. Leipzig 1912

Wolf-Henning Petershagen: Schwörpflicht und Volksvergnügen. Ein Beitrag zur Verfassungswirklichkeit und städtischen Festkultur in Ulm (Forschungen zur Geschichte der Stadt Ulm 29). Ulm 1999

Helmut Presser: Buch und Druck. Aufsätze und Reden. Krefeld 1974

Helmut Presser: Das Buch vom Buch. 5000 Jahre Buchgeschichte. Hannover 1978

Roller 2002
Stefan Roller: Riss zum Ölberg vor dem Ulmer Münster. In: Ausst. Kat. Ulm 2002, Kat. Nr. 16

Erwin Rosenthal: Die Anfänge der Holzschnitt-Illustration in Ulm. Diss. Masch. Halle 1912

Roth 1993
Michael Roth: Michael Wolgemut und Wilhelm Pleydenwurff, Ulm von Süden. Ulmer Museum. Das Kunstwerk des Monats, Juli 1993. Ulm 1993

Anton Rotzetter / Toni Schneider: Franz von Assisi. Freiburg 1993

Rücker 1973
Elisabeth Rücker: Die Schedelsche Weltchronik. Das größte Buchunternehmen der Dürerzeit. München 1973

Franz Sauter: Zur Hexenbulle 1484. Die Hexerei mit besonderer Berücksichtigung Oberschwabens. Ulm 1884

Schefold 1957
Max Schefold: Alte Ansichten aus Württemberg, 2 Bde. Stuttgart 1957

Schmitt 1984
Elmar Schmitt: Die Drucke der Wagnerschen Buchdruckerei in Ulm 1677–1804, Bd. 1. Bibliographie der Drucke. Konstanz 1984

Schmitt 1985
Elmar Schmitt: Die Wohlersche Buchhandlung in Ulm 1685–1985. Ihr verlegerisches und buchhändlerisches Wirken. Weißenhorn 1985

Schmitt 1987
Elmar Schmitt: Leben im 18. Jahrhundert. Konstanz 1987

Schmitt / Appenzeller 1992
Elmar Schmitt / Bernhard Appenzeller: Balthasar Kühn. Buchdruckerei und Verlag Kühn, Ulm 1637–1736. Weißenhorn 1992

Theodor Schön: Kartenmalerei in den Reichsstädten Ulm und Reutlingen. In: Reutlinger Geschichtsblätter 21, 1910, S. 87/88

Friedrich Wilhelm Schreiber: Handbuch der Holz- und Metallschnitte des XV. Jahrhunderts, 8 Bde. Leipzig 1926-1930

Schulz 1992
Ilse Schulz: Schwestern, Beginen, Meisterinnen. Hygieias christliche Töchter im Gesundheitswesen einer Stadt. Ulm 1992

Schulz 1998
Ilse Schulz: Verwehte Spuren. Frauen in der Stadtgeschichte. Ulm 1998

Schulz 1999
Ilse Schulz: Was hatten die Ulmer Bürgerinnen der Reichsstadtzeit uns heutigen Frauen voraus? Vortrag im Haus der Begegnung am 23. März 1999. Ulm 1999

Schumann 1997
Jutta Schumann: „mithin die druckerey fortzuführen ohnvermögend?" Augsburger Buchdruckerinnen im 17. und 18. Jahrhundert. In: Augsburger Buchdruck und Verlagswesen. Von den Anfängen bis zur Gegenwart. Wiesbaden 1997, S. 553–567

Seck 1971
Friedrich Seck: Johannes Kepler und der Buchdruck. In: Archiv für Geschichte des Buchwesens 11, 1971, Sp. 609–726

Seiz 1974
Anneliese Seiz: Johannes Scultetus und sein Werk. In: D. Joannis Scvlteti: Wund-Arzneyisches Zeug-Haus. Ulm 1988 (Faksimile des Drucks von 1666)

Geschichte des Klosters Söflingen. Nach den Quellen geschrieben. Ulm 1862

Specker 1977-1
Hans Eugen Specker: Ulm. Stadtgeschichte. Ulm 1977

Specker 1977-2
Hans Eugen Specker: Das Gymnasium academicum in seiner Bedeutung für die Reichsstadt Ulm. In: Stadt und Universität im Mittelalter und in der frühen Neuzeit. Sigmaringen 1977, S. 142–160

Hans Eugen Specker / Hermann Tüchle: Kirchen und Klöster in Ulm. Ein Beitrag zum katholischen Leben in Ulm und Neu-Ulm von den Anfängen bis zur Gegenwart. Ulm 1979

Sporhan-Krempel 1958
Lore Sporhan-Krempel: Agathe Streicher, die Ärztin von Ulm. In: Mitteilungen des Vereins für Kunst und Altertum in Ulm und Oberschwaben 35, 1958

Stange 1970
Alfred Stange: Kritisches Verzeichnis der deutschen Tafelbilder vor Dürer, Bd. 2. Oberrhein, Bodensee, Schweiz, Mittelrhein, Ulm, Augsburg, Allgäu, Nördlingen, von der Donau zum Neckar. München 1970

Torsy 1959
Jakob Torsy (Hg.): Lexikon der deutschen Heiligen. Köln 1959

Treu 1988
Erwin Treu: Bartholomäus Dauher, Bildnis der Ursula Greck. Ulmer Museum. Das Kunstwerk des Monats, Juni 1988. Ulm 1988

Trost 1991
Vera Trost: Skriptorium. Die Buchherstellung im Mittelalter. Stuttgart 1991

Tüchle 1977
Hermann Tüchle: Die Münsteraltäre des Spätmittelalters. Stifter, Patrone und Kapläne. In: Fs Ulm 1977, S. 126-182

Uitz 1992
Erika Uitz: Die Frau in der mittelalterlichen Stadt. Freiburg 1992

UUB I
Friedrich Pressel (Hg.): Ulmisches Urkundenbuch, Bd. 1. Die Stadtgemeinde von 854–1314. Ulm 1873

UUB II,1
Gustav Veesenmeyer (Hg.): Ulmisches Urkundenbuch, Bd. 2,1. Die Reichsstadt von 1315–1356. Ulm 1898

UUB II,2
Gustav Veesenmeyer (Hg.): Ulmisches Urkundenbuch, Bd. 2,2. Die Reichsstadt von 1315–1378. Ulm 1900

Georg Veesenmeyer: Ein Gang durch die Kirchen und Kapellen Ulms um 1490, nach Felix Fabris „Sionspilgerin". In: Mitteilungen des Vereins für Kunst und Altertum in Ulm und Oberschwaben 1, 1869, S. 29–44

Veesenmeyer 1889
Gustav Veesenmeyer: Felix Fabris Tractatus de Civitate Ulmensi (Bibliothek des literarischen Vereins Stuttgart 186). Tübingen 1889

Ernst Weil: Der Ulmer Holzschnitt im 15. Jahrhundert. Berlin 1923

Weilandt 2002
Gerhard Weilandt: Die Quellen zur Chorausstattung des Ulmer Münsters 1467–1504. In: Ausst. Kat. Ulm 2002, S. 36–43

Eva Weissweiler: Komponistinnen vom Mittelalter bis zur Gegenwart, München 1999

Weyermann 1798
Albrecht Weyermann: Nachrichten von Gelehrten, Künstlern und anderen merkwürdigen Personen. Ulm 1798

Weyermann 1829
Albrecht Weyermann: Neue historisch-biographisch-artistische Nachrichten von Gelehrten, Künstlern, auch alten und neuen adeligen und bürgerlichen Familien aus der vormaligen Reichsstadt Ulm. Ulm 1829

Herbert Wiegandt: Ulm. Geschichte einer Stadt. Weißenhorn 1977

Wilts 1994
Andreas Wilts: Beginen im Bodenseeraum. Sigmaringen 1994

Wolbach 1847
Christoph Leonhard Wolbach: Urkundliche Nachrichten von den Ulmischen Privat-Stiftungen. Ulm 1847

Wunder 1992
Heide Wunder: „Er ist die Sonn', sie ist der Mond." Frauen in der Frühen Neuzeit. München 1992

Margarethe Zimmermann: Wege in die Stadt der Frauen. Texte und Bilder der Christine de Pizan. Zürich 1996

Orts- und Personenregister

Acker, Jakob 17, 64
Aesop 46, 75
Albertus Magnus 80
Amelung, Peter 47
Anhofen 19, 65
Anna Buchtruckerin 47, 48, 57
Arnold, Jonas 88, 89
Asselfingen 19, 64, 65
Auer, Cäcilie 33
Augsburg 32, 35, 57, 69, 70, 74,
    84–86, 96, 99

Baldenstein, Verena 65
Bartholomäus, Daniel 68
Basel 74
Bäuerlein (Beurlen), Johann Wolfgang 99
Beier, Adrian 14
Berlin 26, 55, 80, 89
Bermaringen 41
Besserer, Konrad 62
Biberach 81
Bitterlin, Agnes 30
Blessinger, Karl 23
Böblinger, Matthäus 32
Boccaccio, Giovanni 46, 57, 74
Bodenehr, Johann Georg 94
Bollingen, Adelheid von 68
Breitingen 41
Breitschwert, Karoline von 64
Brünn 33

Cassianus, Johann 80
Chemlin, Caspar 49
Chur 96
Classen, Albrecht 56
Colez, Georg 91

Dachauer, Th. 25, 66
Dauher, Bartholomäus 68, 69
Dillingen, Hartmann Graf von 36, 76
Dinckmut, Anna 47
Dinckmut, Conrad 57
Donaurieden 19, 65

Ebel, Johann-Philipp 90
Eberken, Johann 93, 94
Eccardin, Ursula 72
Eggingen 41
Ehinger, Eleonore 20
Ehinger, Johannes 62
Ehrenstein 41

Einsingen 19, 65
Elchingen 19, 65
Eleonore von Österreich 74
Ellenrieder, Rudolf 88
Emershofen 19
Endter, Wolfgang 93
Engel Tausendschön → Mayer, Anna
Erbach 17
Erfurt 51
Ersingen 17–19, 63, 65

Fabri, Felix 15, 32, 62, 89
Foliani, Caspari 32
Frankfurt/Main 51, 53, 54, 58, 94, 97
Frießen, Daniel 64
Froß, Catharina 30

Geiß, Dieter 77
Gerhardt, Paul 26
Gerhusen, Agnes von 68
Görlin, Daniel 54, 58
Görlin, Dorothea, geb. Scheiffele 49, 53,
    54, 58, 96, 97, 99
Görlin, Johann 49, 53, 54, 58, 93, 96,
    97, 99
Görlin, Maria Margaretha, geb. Böbinger
    54, 58, 99
Göttingen 19, 65
Greck, Bartholomäus 32, 69
Greck, Ursula 68, 69
Gustav Adolf von Schweden 92
Gutwein, Franz Anton 85

Häckel, Anna Maria 25, 66
Haid, Anna 30
Hall, Agnes von 16, 60
Harsdörffer, Sibylla 64
Harthausen 41
Hebenstreit, Johann Baptist 48
Heidenheim 97
Heilbronn 37
Helfenstein, Williburg von 76
Hellenstein, Agnes von 76
Herrich, Johann Dietrich 68
Hipschmann, Sigmund Gabriel 95
Hl. Begga 21
Hl. Cäcilie 33
Hl. Elisabeth von Thüringen 36, 76
Hl. Franziskus von Assisi 17, 19, 36, 63,
    75, 80–82
Hl. Hieronymus 23
Hl. Katharina von Alexandrien 89, 90
Hl. Klara Skiffi 36, 75, 80–82, 85
Holl, Anna 57

Holl, Lienhard 47, 57, 75
Hollin wittib 47
Holzkirch 42
Holzkirchen 74
Huber, Peter 90
Hunger, Katharina 41, 86, 87

Illertissen 74

Johannes de Capua 75

Karl V. 39
Karrer, Peter 74
Karsch, Gabriel 100
Keck, Christine 38, 39, 80
Kepler, Johannes 48, 51, 91, 93, 100
Kleinschmidt, Johann 25
Kluntz, Barbara 20, 22–28, 34, 66, 67
Kluntz, Peter 24, 66
Kluntz, Katharina, geb. Messerschmid
    24, 66
Koberger, Anton 66
Königsfelden/Aarau 37
Konstanz 13, 19, 96
Kostenbader, Ernst Ludwig 100
Krafft, Heinrich 74
Krafft, Lutz 62
Krafft, Otto 62
Kuchheim 95
Kühn, Anna, geb. Wilhalm 49, 52, 53,
    58, 94–96
Kühn, Balthasar 49, 51, 52, 54, 93–97
Kühn, Georg Wilhelm 49, 53

Labtzelter, Hans 90
Laguerre, Elisabeth Claude de 26, 27
Langenau 42, 64, 65
Laupheim 77
Lehr 42
Leipzig 55
Linz 91
London 91
Lonsee 42
Lötzen-Seuter, Katharina von 64
Lübeck 35
Ludwigsburg 77

Mähringen 74
Mair, Michael 84
Manz, Hans Caspar 93
Marthaler, Susanna 38
Maximilian II. 72
Mayer, Anna 30, 32
Mayer, Ursula, geb. Wickh 34

Mayer, Wolfgang 34
Meder, Anna, geb. Görlin 51, 52, 58, 92–94
Meder, Johann 49, 54
Meder, Johann Sebastian 51, 91, 92
Meder, Ursula 49, 51, 58, 90–92
Meine, Karl Heinz 46
Merck, Johann 96
Miller, Johanna Maria 41, 42, 75, 82, 88
Mindelheim 88
Mödlingen 42
Müller, Anna, verw. Hindan 30
Müller, Bartholomäus 72
Müller, Christian 32
Müller, Walpurga 32
München 20, 37, 42, 80
Münsinger, Elisabeth 38, 80, 81

Neithardt, Pfarrer Dr. 19
Neubronner, Lorenz 70
Neubronner, Magdalene, geb. Schlegel 70
Nieß, Anna 30
Nördlingen 92
Nürnberg 37, 38, 40, 58, 65, 66, 83, 84, 91, 93, 95, 100

Obermendlingen 77
Oggelsbeuren 65

Pachelbel, Johann 27
Padua 97
Passau 41
Peutinger, Catharina 70
Peutinger, Konrad 70
Peutinger, Margarethe, geb. Welser 70
Pfuhl 19, 25, 32, 65
Pfullingen 37–39
Pleydenwurff, Wilhelm 65, 66

Rampf, Euphoria 40
Regensburg 33
Reichner, Elisabeth 38, 39
Reischach, Cordula von 38, 39, 80, 86
Reiser, Anna Maria 25, 66
Renner, L. 96
Reutlingen 74
Riederer, Georg d. J. 70
Rielin, Anna 30
Riemann Hugo 24
Riß, Caspar 85
Rom 19
Rostock 51
Rüdiger, Elisabeth 30
Rüdiger, Hans 30

Sachs, Johann 93
Salzburg 81
San Damiano 36
Saur, Jonas 51, 91, 92
Saur, Ursula 91
Schaffelkingen 41
Schedel, Hartmann 65, 66
Scheffelt, Michael 99, 100
Scherer, Anton 25
Schlegel, Magdalene → Neubronner
Schleicher, Hieronymus 70
Schröpperlin, Elisabeth 32
Schubart, Christian Friedrich Daniel 26
Schulz, Ilse 46, 47
Schwaighoven, Mechthild von 68
Schwenkfeld, Caspar 72
Schwertler, Katharina 87
Scultetus, Johann d. Ä. 53, 58, 97
Scultetus, Johann d. J. 97
Seck, Friedrich 91
Slawata, Angela von 41
Söflingen 12, 14, 36–43, 57, 75–77, 80–88
Speyer 70
Staiger, Guta 16
Steinheim 74
Steinhövel 57, 74
Stöltzlin, Bonifacius 94, 95
St. Pölten 60
Straßburg 74
Streicher, Agathe 70, 72
Streicher, Margarethe 72
Ströhlin, Christina 38
Stromair, Lienhart 32
Sulmetingen, Adelheid von 73, 74
Sulmetingen, Rudolf von 74
Syrlin, Jörg d. Ä. 32

Telemann, Georg Philipp 27
Thomas von Aquin 80
Tirolli/Tarvisino 32
Tomerdingen 30
Trient 70

Ulm 12–20, 23–27, 29, 30, 32, 33, 35–41, 44, 46–49, 51, 54–58, 60, 62, 63, 65-70, 72-77, 80–88, 90–97, 99, 100
Unseld, Georg 32
Ursprung 42, 77

Veiel, Elias 97, 99
Venedig 32
Vivaldi, Antonio 27

Wagner, Christian Ulrich 55
Wagner, Dorothea, geb. Lommer 54, 55, 58, 99, 100
Wagner, Matthäus 49, 54, 55, 99, 100
Waldburgg-Wolfegg, Grafen von 65
Weckmann, Niklaus 17, 64
Wegeler, Margarete, geb. Reiser 33
Weidenstetten 42
Weißenhorn, Guta von 68
Westerstetten 74
Wettingen 19, 65
Wetzlar 88
Weytin (Wirrtin), Barbara 47, 48, 57, 90
Wickh, Anna Maria 64
Wien 33, 41, 55, 82, 88
Wittenberg 99
Wohler, Johann Conrad 54, 58, 99
Wolfgang, Johann Andreas 99
Wolgemut, Michael 65

Zainer, Johannes d.Ä. 47, 57, 74, 75, 90
Zainer, Johannes d.J. 47, 57, 90
Zeller, Martin 93
Zollern, Adelheid von 76

Impressum

Herausgeber
Ulmer Museum, Brigitte Reinhardt,
Ilse Schulz

Konzeption von Ausstellung und Katalog
Ilse Schulz, Frauengeschichtlicher Arbeitskreis Ulm,
Stefan Roller

Ausstellungsorganisation
Stefan Roller

Restauratorische Betreuung
Evamaria Popp, Kerstin Knaupp

Haustechnik und Schreinerei
Helge Schmid, Manfred Paller, Jürgen Oehme

Katalogredaktion
Stefan Roller

Herstellung, Gestaltung, Satz
Eduard Keller

Druck
Süddeutsche Verlagsgesellschaft Ulm, 2003

ISBN 3-928738-37-2
Printed in Germany

Fotonachweis
Staatsbibliothek zu Berlin – Preußischer Kulturbesitz: Kat. 29
Biberach, Braith-Mali-Museum (Eib B. Eibelshäuser): Kat. 30
Wolfgang Adler, Blaustein: 40, Kat. 25, 34–49
Ludwigsburg, Staatsarchiv: Kat. 23
München: Bayerische Staatsbibliothek: Kat. 28
Nürnberg, Germanisches Nationalmuseum: Kat. 33
Stuttgart, Württembergische Landesbibliothek: Kat. 7
Ulm, Stadtarchiv: 21, Kat. 3, 4, 8 (Wolfgang Adler): 18, 33, Kat. 1, 2, 5, 6, 10, 12, 20, 26, 27, 32, 40
Ulm, Stadtbibliothek (Wolfgang Adler): 50, Kat. 11, 21, 41, 42, 46, 47, 49, 51, 53-57, 61
Ulmer Museum: 22, 31, Kat. 9, 13, 14, 17, 18, 22, 43, 60
Wien, MAK: Kat. 31

Stadt Ulm
Ulmer Museum
ulm